JN438972

멘토 관광학원론

황 욱 선 지음

저자약력

황 욱 선 서강대학교 대학원 경영학 박사
한라대학교 교수
삼성 및 LG 그룹 근무
노동부 심의위원
한국잡월드 심사위원
한국산업인력관리공단, 한국직업능력개발원 평가위원
의왕시 예산결산 및 정책자문위원
공무원시험 출제위원
관광경영학회 이사
원주시 오토캠핑장 입찰심의위원
원주시 관광개발 심사위원
저서: 『머 · 피 · 공 TOEIC』,
『힐링, 영문법과 독해 기초 다지기(공저)』,
『기업실무엑셀』 외 다수

2015년 3월 5일 1판 1쇄 인쇄
2015년 3월 10일 1판 1쇄 발행

지은이 황 욱 선
펴낸이 강 찬 석
펴낸곳 도서출판 **미세움**
주 소 150-838 서울시 영등포구 신길동 194-70
전 화 02-703-7507 팩스 02-703-7508
등 록 제313-2007-000133호

ISBN 978-89-85493-92-5 93980

정가 17,000원

잘못된 책은 바꾸어 드립니다.
이 책의 무단 전재와 복제는 저작권법 제98조에 의해 처벌을 받습니다.

머리말

최근 대한민국의 경제는 침체기가 계속되고 있으나, 관광산업은 타 산업에 비하여 대세라고 할 수 있다. 중국의 계속되는 한국에 대한 갈망은 관광수입을 급상승시키고 있기 때문이다. 한류의 열풍은 명동의 화장품과 면세점을 뒤덮었으며, 제주도에는 이민이 급증하고 있다.

하지만 우리나라를 방문하는 관광객에 대한 대응은 매우 미흡한 실정이다. 바가지요금, 안내 불친절 등 관광 서비스에 대한 매너가 부족하다. 또한 외국을 방문하는 우리나라의 관광객입장에서는 타국 방문지에서의 관광 상식이 미흡한 현실이다. 관광이 생활화되고 관광이 주요 산업으로 성장하기 위해서는 관광에 대한 기본적인 지식을 갖추어야 하는 것이다.

관광지식은 호텔 및 관광학을 전공한 사람뿐만 아니라, 국민 모두가 가져야 할 지식으로 자리 잡고 있는 것이다. 이러한 관점에서 이 책은 관광학의 깊은 지식보다는 분명히 알아야 할 명확한 내용을 포함하려고 노력하였다. 특히 관광학의 지식을 전달하기 위하여 예제를 들어 설명하는 것에 중점을 두었다. 또한 관광학의 깊은 지식을 중언부언하기보다는 과감하게 줄이고, 꼭 필요하다고 생각하는 내용만을 기술하였다.

책의 구조측면에서는 두꺼운 관광학원론의 저술을 하지 않도록 노력하였다. 대학에서 15주 동안 학습할 수 있는 내용만을 실었다. 물론 많은 설명을 하기 위해서는 책의 내용이 두꺼워질 수밖에 없다. 하지만 저자가 10여년 동안 관광학을 가르치면서 한 학기 동안 학생들이 배워야할 양에는 한계가 존재하였다. 그리하여 이 저서는 한 학기 수업에 맞추어 중요도 및 학생들이 꼭 알아야 할 내용만을 포함한 것이다.

학생들은 관광학원론의 내용을 이론에만 집중하면 지루해 질 수밖에 없다. 이 책에서는 각 내용에 관광에서 나타나는 사례이야기를 포함하도록 노력하였다. 저자가 수업시간에 활용했던 관광이야기 사례를 포함하였다. 학생들의 강의평가는 이구동성으로 교수님의 관광사례가 재미있었다고 하였다. 이 책에서는 그러한 내용을 포함하였다. 하지만 책 속에 포함하지 못할 사례는 싣지 못하였기 때문에 아직도 사례내용을 포함할 곳은 많이 존재한다. 차후에 계속적으로 재미있는 관광사례를 포함하여 "사례중심 관광학 원론"을 저술하는 꿈을 꾸고 있다. 즉, 관광사례를 먼저 강의하고 그 내용을 정립하여 이론화시키는 교재가 필요한 것이다. 이 책은 그 꿈을 위한 시발점이 될 것이다.

저자는 관광학을 배우고자 하는 학생 및 일반인에게 조금이나마 멘토가 되기 위하여 책의 양은 적게, 재미있는 예제를 포함하는 교재 개발을 하고자 하는 뜻을 미세움 강찬석 대표에게 전달하였다. 책의 양이 적으면 수익이 적게 나오는 것은 자명한 사실이지만, 그는 흔쾌히 본 저서에 동의하였다. 함께하는 마음에 감사함을 느낀다.

학생을 가르친 지 20여년이 지난 지금 제자들에게 이렇게 말한다. 선생님은 참 괜찮은 직업이다. 학생들이 좋은 길로 갈 수 있도록 지도하고, 학생들은 내 격려의 말에 감동받고 자신의 인생을 만들어간다. 이러한 일은 일반 직장인들은 할 수 없으니 이 얼마나 감사한 일인지 모른다고 말한다. 앞으로도 제자들을 위해 최선을 다하리라 다짐한다.

2015년 2월
흥업면 매지리 서재에서
저자 황욱선

차 례

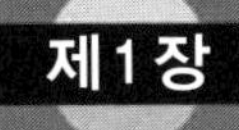

관광의 의미와 발달과정

관광의 의미

1 관광의 어원

(1) 동양에서의 관광의 어원

관광의 어원에 대한 기록은 기원전 8세기경 중국 주나라 시대에 편찬된 역경(易經)에서 시작되었다고 보는 견해가 지배적이다. 역경을 보면 '觀國之光 利用貧于王'이라는 구절이 나온다. 이것은 '나라의 광명을 보는 것은 왕의 손님이 되기에 족하다'라는 의미이다. 이 구절에서 '관국지광(觀國之光)'의 첫 자와 끝 자를 접속하여 '관광(觀光)'이라는 용어를 사용하게 되었다고 한다.

(2) 서양에서의 관광의 어원

서구적인 관광의 용어는 영국에서 그 기원을 찾아볼 수 있는데, 1811년 영국의 스포츠 월간잡지 〈The Sporting Magazine〉에서 Tourism이라는 용어가 처음 소개되어 관광여행에 대한 이론과 실제를 의미하는 용어로서 일반화 되었다.

Tourism은 짧은 기간의 즐거운 여행을 뜻하는 Tour의 파생어이고 Tour는 라틴어의 도로를 의미하는 Tournus에서 유래된 것으로 처음에는 순회여행을 의미하였다.

(3) 우리나라의 관광 어원

우리나라에서 '관광'이라는 용어가 최초로 사용된 것은 고려시대(1115년)이다. 송나라 방문 사신의 조서에 "상국(上國)을 방문하여 문물제도를 시찰하는 것"으로 기록되어 있다. 1385년에는 정도전이 중국 북경 신년 가정사의 여행기를 『관광집(觀光集)』으로 발행하였다. 조선시대에는 관광방으로 기록되었고, 1910년 유길준은 『관광약기(觀光略記)』에 의하여 관광이야기를 나타내고 있다. 관광이라는 개념이 법제화된 것은 1961년 8월 22일 관광사업진흥법의 제정 및 공포에서부터이다.

2 관광의 정의

관광의 어원에서 서술된 바와 같이, 관광이라는 의미는 시대와 지역 그리고 환경에 따라 변화하였다. 따라서 "관광이란 무엇인가? 라는 정의를 내리는 것은 국가와 학자에 따라 다르다. 많은 관광학 분야의 책에서는 다양한 학자 및 단체에서 관광에 대하여 정의를 내린 것을 기술하고 있다. 이 내용들과 세계관광기구(WTO:World Tourism Organization)의 정의를 종합하여 관광에 대한 정의를 내리면 다음과 같다.

관광이란 인간이 일상생활권을 24시간이상 벗어나 다시 돌아올 예정으로 1년 이하의 기간 동안 타국이나 타지역에서 행하는 경제적인 소비활동을 말한다. 예를 들어, 휴식, 감상, 문화시찰, 자기개발, 유람 등을 말한다. 이러한 의미에서 오늘날 Tourism이란 용어는 관광여행을 의미함은 물론 관광현상, 관광사업 등 다양한 의미를 내포하게 되었다.

(1) TOUR와 TOURISM

관광이라는 말은 영어로 Tourism, Travel, Tour 등으로 표현된다. Tourism이라는 용어가 관광으로 일반화되어 있다. 과거의 개별적인 여행을 나타내는 Tour 용어는 관광의 대중화로 부적합하게 되었다. 그리하여 세계관광기구에서는 용어를 Tourism으로 통일하였다.

(2) 동양 · 서양 관광어원과 현대관광과의 차이

• 과거 동양에서의 관광 어원

첫째, 관광은 타국의 토지, 제도, 풍속, 문물 등을 보기 위한 이동이었다.

둘째, 국가의 발전상을 시찰하였고, 주체는 위정자위주였다.

따라서 동양에서의 관광어원 – 관광행동의 목적과 대상을 강조

서양에서의 관광어원 – 공간적인 이동의 목적과 기간을 강조

3 관광 요소 3구조체계

구조체계란 사전적 의미에서 부분이나 요소가 어떤 전체를 짜 이루어져 있는 집합체를 말한다. 관광 요소들은 관광주체(관광자), 관광객체(관광지, 관광자원), 관광매체(관광산업)로 이루어져 있다. 이것을 관광의 3체계론이라고 한다.

관광주체란 관광행위자로서 관광자를 말한다. 관광객체는 관광대상으로서 유 · 무형의 관광자원을 말한다. 관광매체는 관광주체와 관광객체를 원활하게 연결시켜 주는 것을 말한다. 예를 들어, 항공사, 철도, 선박, 버스 등의 교통시설, 숙박시설, 식음료시설, 여행사 등을 말한다.

과거에는 다양한 학자들에 의하여 관광주체와 관광객체의 2체계론으로 구성되었으나 관광 현상이 다양화, 복잡화됨에 따라 관광매체가 추가되었다.

4 관광 요소 6구조체계

최근에는 관광 구조체계가 점점 세분화되고 있다. 박호표는 군(Gunn) 그리고 베르네커 등의 구성체계를 바탕으로 관광자, 관광매력물, 부대시설, 기반시설, 교통, 정보 · 촉진 등의 6가지 요소로 분류하였다.

(1) 관광자

관광자란 관광을 목적으로 여행을 하고자 하는 욕구와 능력을 갖추고 있는 사람을 말한다.

(2) 관광매력물

관광매력물은 관광자가 여행하는 동안 즐길 수 있는 관광대상과 관광자원을 말한다. 관광대상지의 유형과 특성은 관광자가 관광대상지를 선정하는 의사결정과정에 결정적인 영향을 미친다.

(3) 부대시설

부대시설은 관광매력물 이외에 관련된 관광자의 다양한 욕구를 더 효과적으로 충족시키도록 지원하는데 필요한 제반시설 중의 한 부분이며, 관광객의 관광욕구를 근본적으로 충족시켜주며 관광활동을 할 수 있도록 보장해주는 각종 편익시설이다. 상부구조라도 한다.

부대시설로는 숙박시설, 식음료판매시설, 소매품 및 기타 시설 등을 들 수 있다.

(4) 기반시설

기반시설 또는 하부구조로 불리며 관광지의 기간이 되는 부분으로 관광지에 있는 모든 시설들의 기능과 지역주민의 일상생활이 원활하도록 지원하는 기능을 담당한다.

기반 시설로는 도로, 철도, 항만, 공항, 상하수도, 통신시설, 전력, 연료공급 및 각종 안전시설 등이 존재한다.

(5) 교 통

관광은 이동을 전제로 시작되는 인간 활동이기 때문에 교통에 의하여 인간이나 재화의 상호교류를 담당한다. 따라서 교통은 관광의 구조체계를 구성하는 본질적인 요소의 하나로 작용한다.

일반적으로는 육상교통, 해상 및 수상교통, 그리고 항공교통 등의 세 가지 교통수단으로 분류되어 존재한다.

(6) 정보 · 촉진

관광정보는 신관광(new tourism)시대가 도래함에 따라 등장하게 된 매우 중요한 관광구조의 구성요소이다. 관광객들은 자신의 직관이나 경험들에 의하여 정보를 획득할 수도 있지만, 현재와 같이 급변하는 환경 속에서는 이러한 정보에만 의존하기보다는 객관적으로 수집되고 분석된 자료가 관광의 사결정시 위험을 줄일 수 있게 된다. 예를 들어, 현재 인테넷 검색에 의한 관광정보수집은 일반적이며 관광의사결정에 가장 중요한 역할을 한다.

관광의 분류

관광의 분류는 국적과 국경, 목적, 지역, 관광활동유형, 여행기간 등에 의한 분류되어 진다.

1 국적과 국경에 의한 분류

관광을 국적과 국경을 기준으로 크게 국내관광(domestic tourism)과 국제관광(international tourism)으로 분류하는 것을 말한다.

국내관광이란 '관광객이 자국의 영토 내에서 행하는 관광행위'를 말한다. 즉 한국인의 국내여행을 말한다. 국제관광이란 '관광자의 이동 공간이 자국 또는 특정국의 국경을 넘어 이루어지는 관광행위'를 말한다. 즉 한국인이 외국을 방문하는 국외관광(outbound tourism)을 말한다. 그리고 외국인이 한국을 방문하는 것을 외래관광(inbound tourism)이라고 한다.

또한 포괄적인 개념으로 국민관광(national tourism)이란 자국국민의 관광, 즉 국내관광과 국외관광을 포함하는 것을 말한다.

2 목적에 의한 관광의 분류

관광의 목적에 의한 분류는 순수목적관광과 겸목적관광으로 나누어진다.

순수목적관광(또는 순목적관광)이란 관광행위 그 자체를 목적으로 하는 순수한 관광행위, 예를 들면, 수학여행, 유적지 답사, 유람 등 개인의 오락, 휴양, 견문확대, 레크레이션 등의 목적으로 관광을 하는 것을 말한다. 겸목적 관광이란 두 가지 이상의 목적을 가지고 행하는 관광행위이다. 예를 들어, 의료관광, 출장과 관광, 회의와 관광, 종교활동과 관광 등을 말한다.

3 지역구분에 의한 관광의 분류

지역구분에 의한 관광의 분류는 역내관광(intra-regional tourism)과 역외관광(inter-regional tourism)으로 나뉜다.

역내관광(intra-regional tourism)은 일정한 지역 내에서 이루어지는 것을 말하며, 역외관광(inter-regional tourism)은 한 지역에서 벗어나 이동하면서 이루어지는 것을 말한다. 역내관광의 예는 수원지역 관광, 영국 런던지역 관광 등이 존재한다. 역외관광의 예는 수원, 천안, 원주 등의 관광, 영국, 프랑스, 미국 등의 관광 등이다.

4 관광활동유형에 의한 분류

관광활동유형에 따라 유동형관광과 목적형관광 및 체재형관광으로 구분할 수 있다.

유동형관광은 다양한 목적지를 연결하여 방문하는 형태의 관광활동을 말하며, 자연탐방, 드라이브 등이 그 예이다. 목적형관광은 구체적인 목적을 가지고 관광하는 활동유형이다. 그 예로는 온천, 골프, 등산 등이 있다. 그리고 체재형관광은 한 장소를 선정하여 숙박지에 체류하면서 휴양 · 보양 · 수련 · 캠핑 등의 관광활동을 하는 것을 말한다.

5 여행기간에 의한 관광의 분류

관광객이 거주지를 떠나 관광지에서 체류하는 기간에 따라 당일에 이루어지는 당일관광과 숙박을 하는 관광으로 구분될 수 있다. 당일관광은 '관광목적지에서 1박 이상을 체류하지 않고 당일 거주지로 되돌아오는 형태의 여행'으로 나들이형태의 단순한 형태를 취한다.

반면 숙박관광은 관광지에서 최소한 1박 이상을 체류하는 형태로 단기숙박관광과 장기 숙박관광으로도 구분 될 수 있다. 일반적으로 단기 숙박관광은 1주일 이내의 숙박관광을 말하며, 장기 숙박관광은 1주일 이상의 숙박관광을 말한다.

관광과 유사개념과의 관계

1 여가(Leisure)

일반적으로 사용되고 있는 여가는 '자기 임의로 사용할 수 있는 자유재량 시간'(time at one's own disposal)의 의미로 받아들여지고 있다. 이러한 의미는 적절성 여부를 떠나 대부분의 사람들이 어떤 의무로부터 해방된 자유로운 시간과 여가를 동일시하고 있는 것으로 볼 수 있다.

이러한 여가를 구성하는 첫 번째 요소는 생활의 필수적인 것들을 수행한 후에 남게 되는 시간이다. 여가란 단순히 자유롭다거나 의무가 주어지지 않은 단지 구속되지 않는 시간만을 의미하는 것이 아니라, 여가의 기회를 가진 사람이 풍부한 감수성과 함께 창조적 태도를 필요로 하는 시간이 강조되는 것이다. 두 번째 요소는 즐거움 또는 기쁨을 위해 무엇인가를 행하려고 마음속에 설정한 심상이나 태도이며, 이는 단순히 육체적인 회복만을 위한 시간이 아니라는 조건이 필요한 것이다.

여가의 관점에서 볼 때 관광은 일상여가에 속한 하나의 움직임을 전제로 하는 여가행동이다. 여행할 수 있는 시간적 여유 없이 관광은 존재할 수 없기 때문이다. 또한 여가에 대한 가치관의 변화는 향후 관광의 더욱 큰 발전을 기대하게 한다. 여가가 시간으로 표현된다면 관광은 여가활동으로서의 행동으로 표현된다.(표 1-1 참조)

표 1-1 여가와 관광

여가기능	관광기능
-휴식(공간적 이동이 일어나지 않는 경우 도 있음) -기분전환 -자기계발	-공간적 이동을 수반한 휴식과 휴양 -비일상적인 환경에서 해방감과 기분전환 -지식과 견문확대 -자기개발

* 출처: 김광근 외(2009), 최신관광학, 백산출판사.

2 여행(Travel)

여행은 '여행자는 출발의 원점으로 되돌아오거나 그렇지 않아도 되며, 어떤 목적을 가지고 여하한 교통수단에 의존하여 한 장소에서 다른 장소로 이동하는 행위'를 말한다. 여행은 관계없이 뚜렷한 목적이나 동기에 관계없이 행하여지기도 한다. 따라서 관광은 여행(travel)의 한 형태이다. 여행은 관광과는 달리 위락적 목적이 아닌 경우도 포함한다.

3 레크리에이션(Recreation, 위락)

위락(recreation)은 사전적 의미로 피로를 풀고 새로운 힘을 얻기 위하여 함께 모여 놀거나 운동 따위를 즐기는 일을 말한다. 위락이 이루어지는 영역은 시간적으로 여가시간에 행해지며 활동지향적 특성을 갖는다고 규정할 수 있다.

여가와 위락의 차이점은 여러 부분에서 나타나지만 여가보다 위락이 더 활동적이며, 조직적이고, 사회적 목적이 강하며, 한정적인 활동범주를 갖고 있는 것으로 비교할 수 있다.

또한 관광과 위락의 차이점은 시간과 활동공간의 차이에 의해 나타난다. 관광은 넓은 의미에서 옥외위락과 같은 의미를 지니지만 위락은 일상생활권에서 이루어지고 이동의 거리가 그리 길지 못한 차이점을 갖는다.(표 3-2 참조)

표 1-2 여가, 레크레이션, 관광의 개념차이표 2

구 분	여 가	레크레이션	관 광
활동성 여부	자유로운 상태 강조	자유시간 내의 활동 강조	옥외위락으로 야외활동 강조
활동범주 (공간)	심리적으로 편안한 상태	일상생활권에서 이루어지고 이동거리가 길지 못함	일상생활권을 벗어난 모든 공간
주안점	자유 · 내적만족 강조	재생 · 사회적 편익 강조	일탈과 거주권으로 돌아온다는 점 강조
사례	상태적, 심리적으로 다양	바둑, 스포츠 등	여행 중 활동

* 출처: 윤병국 외(2007), 관광학개론, p.25.

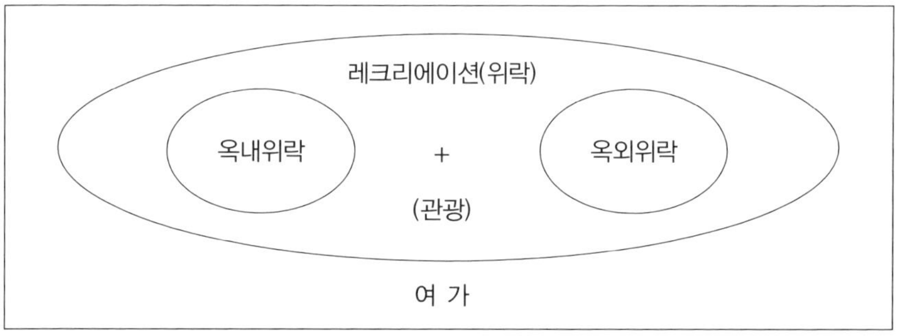

4 놀이(Play)

놀이(play)는 사전적의미로 여러 사람이 모여서 즐겁게 노는 일이나 활동 또는 일정한 규칙 또는 방법에 따라 노는 일을 말한다. 놀이는 인간의 본능적이며 무조건적인 요구를 반영하는 행동을 의미하는데, 자유롭고 자발적이고 비예측적인 성격을 지니고 있으며, 물질적 이해관계가 없는 활동이며 이익이 발생하지 않는다. 예를 들어, 아이들의 그네타기 놀이, 술래잡기 등이 있다.

놀이와 레크리에이션은 레저 활동의 하나라고 할 수 있다. 일반적으로 레저와 놀이는 모두 인간의 개인의 내적 만족을 추구하기 위한 자유의사에 의한 자유선택적 활동이라는 점에서는 같은 맥락이라고 할 수 있다. 일반적으로, 행위의 주체는 레저 활동의 경우에 전 연령층이 포함될 수 있으며, 놀이의 경우 아동의 전형적인 활동으로 보는 경향이 짙다. 그러나 성인 역시 놀이를 추구하고 실제로 행하고 있는 것이 현실이다. 결국 놀이는 하나의 여가에의 몰입방식이라는 점에서는 성인과 아동의 구분이 없다고 하겠다. 모든 놀이는 여가의 한 형태이며, 관광은 놀이의 한 부분이 된다.

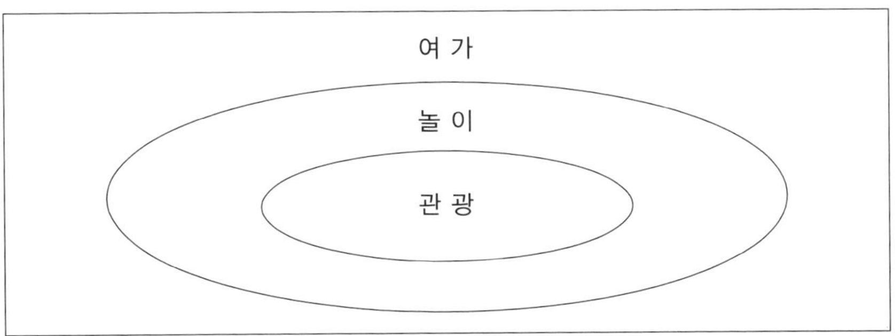

5 게임(Game)

게임이란 사전적의미로 규칙을 정해 놓고 승부를 겨루는 놀이를 말한다. 게임은 거의 예외 없이 하나의 경쟁(contest)이며, 게임의 특성은 두 사람 사이에 또는 상대팀들 간에 발생한다. 게임은 의례적으로 어느 정도의 경쟁과 공격성을 갖는다. 이와 같은 게임은 규칙(rules)이 있어야만 한다. 즉 하나의 진정한 게임이 되기 위해서는 일반적으로 명시적이고도 이해가 가능한 일종의 어떤 규칙체계가 모든 게임에서의 기본적 필수조건(primary necessity)이 된다.

6 스포츠(Sports)

스포츠(Sports)의 사전적 의미는 일정한 규칙에 따라 개인이나 단체끼리

속력, 지구력, 기능 따위를 겨루는 일을 말한다. 현대적 의미에서 "여가시간에 행해지는 자발적인 신체활동으로 놀이의 영역 내에서 존재하고, 현실성이 없는 허구적인 상황에서 행해지며, 생산활동에 참여하는 것이 아닌 비생산적인 행위이고, 자유롭게 활동하고 쾌락을 추구하는 행위로 경쟁적인 개념과 신체적인 활동 · 능력이라는 요소가 포함된 것"이라고 정의할 수 있다.

스포츠는 개인의 체력증진이나 기록 · 포상 · 명예 등 비경제적인 측면이 강한 육체적 측면의 향상과 경쟁 · 심신의 단련 등을 주된 목적으로 한다.

최근 많은 전문선수들이 활동하는 스포츠가 대종을 이루고는 있으나 진정한 의미의 스포츠는 프로(professionalism)가 아닌 아마추어(amateurism)라 할 수 있을 것이다.

7 관광과 유사개념과의 상호관련성

관광의 유사개념들은 관광이라는 현상과 종횡으로 연관되어 서로간의 명확한 상관관계를 밝히기는 매우 어렵다. 즉, 관광과 유사개념 간에는 공통성과 상이성을 동시에 가지고 있기 때문에 각자를 따로 분리시켜 적절한 개념정의를 내리기는 결코 쉬운 일이 아니다.

여가는 인접개념 중에서 가장 포괄적이고 다의적이며 강한 시간적 개념을 내포하고 있다. 관광 · 여행 · 위락 · 놀이 · 스포츠는 여가 내에서 이루어지는, 즉 여가에 포함되는 활동적 개념으로 볼 수 있다. 따라서 여가는 관광 · 여행 · 위락 · 놀이 · 스포츠를 포함하는 개념으로서 유사활동을 위한 필수조건임을 알 수 있다.

이러한 내용을 바탕으로 관광 · 여행 · 위락 · 놀이 · 게임 · 스포츠 등의 관계를 본래의 기능적 측면에서 인간의 정신과 육체에 있어 발전 또는 회복이라는 두 개의 축으로 표현해 보면 그 위치를 가늠해 볼 수 있다. 즉, 위락은 여가 속에서 노동 등으로서 축적된 육체적 · 정신적 피로를 회복하는 휴양 · 기분전환을 함으로써 정신적 · 육체적 회복의 의미가 강하며 여가활동의 중심보다는 낮은 방향으로 치우치고 있다고 할 수 있다.

마찬가지로 게임의 경우 주로 여가시간 내에서 이루어지며, 육체적 측면에서 발전과 회복의 의미가 강한 것으로 보인다.

관광의 경우 위락이나 게임과는 달리 인간의 자기 계발적 측면이 강하여 정신적 측면의 발전에 영향을 주게 된다. 물론 관광에도 위락적인 요소가 포함되고 있으나 위락과는 구분되어져야 하며, 특히 관광의 특성상 먹고 자는 등의 생리적으로 필요한 시간까지도 관광경험에 포함되므로 여가시간 밖에서 이루어지는 부분을 고려해야 하는 것이다.

스포츠는 주로 육체적 발전의 영역에 속하여 육체와 정신을 발전시킨다는 의미로 볼 수 있으며, 관광과 마찬가지로 여가시간 밖에서 이루어지는 부분을 고려해야 하는 것이다.

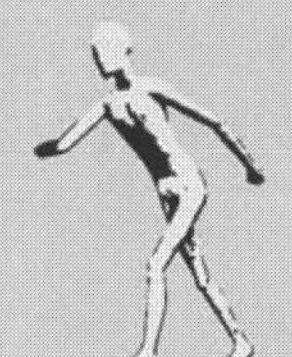

제 2 장

관광학의 학문적 체계와 접근방법

제1절 관광학 발전과 인접학문 연결 연구방법

제2절 관광학의 학문적 체계

제3절 관광학의 접근 및 연구방법

제 1 절 관광학 발전과 인접학문 연결 연구방법

여타의 학문과 마찬가지로, 관광학은 고대 그리스 시대부터 생각하면 학문이 아니었을 것이다. 사람들이 관광을 하면서 사회적, 문화적, 경제적, 환경적, 심리적 문제들과 연관되면서 이러한 것들을 어떻게 해결할 것인가에 대한 체계적인 분석에서 시작된 것이다. 하나의 예를 들면, 소득수준에 따라 해외관광지 선택이 다를 것이라는 분석이다. 이러한 경우에는 관광학과 경제학이 연결되어 연구해야 할 것이다.

관광이라는 사회현상에 관한 최초의 연구는 관광통계에서 비롯되었다고 할 수 있다. 즉 1899년 이탈리아 정부 통계국의 보디오(L. Bodio)가 발표한 '이탈리아에 있어서 외국인의 이동 및 그에 따른 금전적 소비에 관한 연구'라는 논문이 오늘날 남아 있는 가장 오래된 관광연구로 기록되고 있다. 그 내용은 관광객의 수, 체재기간, 소비금액에 관한 것이다.

이와 같이 관광통계를 중심으로 관광을 단편적으로 이해하던 것이 1927년 마리오티(A. Mariotti)의 저서 『관광경제강의』에서 비로소 관광연구를 체계화하려는 움직임이 시작되었다. 그 후 1931년 볼만(A. Bormann)이 『관광론』, 1935년 그뤽스만(R. Glcksmann)은 『일반관광론』, 1942년 훈지커와 크라프(W. Hunziker & K. Krapf)는 『일반관광론개요』 등을 발표하였다. 마리오티의 관광학은 경제학과 연계한 개별과학의 응용분야 측면으로 분석하였다. 반면에, 이들의 연구는 관광학을 광의에서 외국인의 체재로부터 발생되는 제관계 및 제현상의 총체적 개념이다'라고 정의하였다. 이것은 사회학을 중심으로 자연과학의 여러 부문들을 종합화함으로써 관광학이 학문적 체계를 구체화하고 있다.

이러한 관점에서 시오다 세이지(監田正志)는 관광학을 "아래로부터의 관광학" 즉 각각의 경제학, 사회학, 경영학, 통계학, 정치학, 법학, 심리학, 조경학 등과 연결된 개별과학으로 분석한 것과 "위로부터의 관광학", 즉 경제외적인 개념과 자연과학의 여러 부문들과 종합화하여 분석한 것으로 체계화하였다.(그림 2-1 참조)

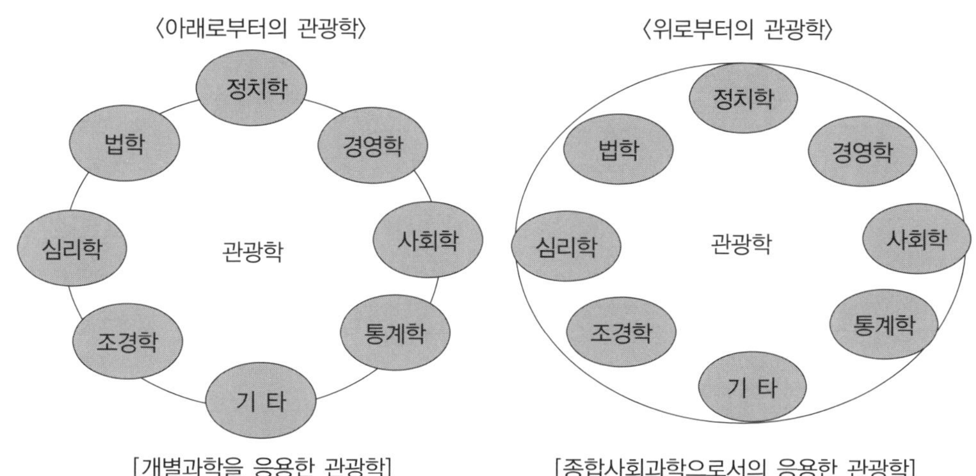

그림 2-1 개별과학을 응용한 관광학과 종합사회과학으로서의 관광학

관광학의 학문적 체계

1 응용(실천)과학으로서의 관광학

경제학, 사회학, 심리학 등은 이론적인 성격을 강하게 지니고 있는 데 반하여, 관광학은 이들 이론을 실천목적에 응용한 응용과학이며, 실천과학이다. 관광학의 성격은 연구대상인 관광조직체(기업)와 그의 활동이 현실적인 사회 그리고 인간의 생활 속에서 파악된다. 이러한 관광조직체는 사회간, 또는 사회 내에서 움직이는 유기체이다. 현실의 사회현상에서 사실을 관찰하고 가설을 설정하여 검증하는 일련의 학문적 과정을 거친다. 예를 들어, 인간의 라이프스타일에 따라 여행하는 행태가 다를 것이라는 가설을 연구할 때 실제 생활하는 사람들의 라이프스타일을 설문지에 의하여 조사하는 것이다.

2 종합학문으로서의 관광학

관광학은 연구대상이 일련의 인간과 사회간의 상호작용적 시스템이라는 측면에서 이들 행동을 종합적으로 규명하기 위해서는 경제학, 사회학, 심리학, 인류학 및 지리학 등의 도움을 필요로 하는 종합학문성(interdisciplinary approach)을 지니고 있다. 예를 들어, 서양인과 동양인의 한국문화관광에 대한 반응 행태를 분석한다는 것은 관광학과 인류학을 종합적으로 분석하는 것이 될 것이다.

3 순수인과과학으로서의 관광학

순수인과과학에서는 보통 원인과 결과 사이에 타당한 관계가 존재한다고 전제하고, 그 같은 법칙의 발견과 체계화를 학문의 과제로 한다. 관광학은 관광행동과 같은 사회·심리적 사상에 관해 보편타당한 일의적 관계를 발견·정립하기보다는 하나의 원인에서 복수의 결과가 파생되는 다의적 관계가 많기 때문에 순수인과과학의 색채가 강하다고 할 수 있다. 예를 들어, 사람의 성격에 따라 여행지에서의 숙박, 음식, 관광코스가 변화되는 경우이다.

4 경험(실증)과학으로서의 관광학

관광학은 형식적인 추상과학이 아니고 관광현상을 인식대상으로 하는 구체적인 경험과학이다. 따라서 경험과학은 언제나 현실적인 경험 이후의 소산이 되며, 이런 의미에서 관광학은 현실묘사의 학문이고 앞서서 경험한 현실을 사후에 인식하는 논리적 체계이며 학문인 것이다. 예를 들어, '실버관광의 코스는 온천이 포함되면 환영받는다'라는 것이다. 이것은 실버들의 관광에 대한 경험의 산물이다.

5 규범과학으로서의 관광학

사전적 의미로서 '규범(norm)'이란 인간이 행동하거나 판단할 때에 마땅히 따르고 지켜야 할 가치 판단의 기준을 말한다. 관광학은 인류의 생활에 유익한 것이 되어야 하는 것이다. 예들 들어, 뱀, 곰쓸개 등을 위한 관광은 도덕적 가치에 문제가 되는 것이다.

관광학의 접근 및 연구방법

관광학의 학문적 체계는 [그림 2-1]에서 보는 바와 같이, 개별과학과 종합사회과학으로 분류된다. 개별과학의 응용학으로서의 관광학 연구는 상당한 수준까지 도달하여 전문화되었고, 그 분석방법도 매우 세련된 것을 보여주고 있다. 그러나 반면에 이 같은 태도는 나무만 보고 산 전체를 보지 못하는 과오를 범하기 쉽다. 종합사회과학으로서의 관광학은 산 전체의 모습을 파악하기 때문에 지식의 다양한 지식의 축적이 존재하겠지만 일정한 법칙이 없다. 그 이유는 관광학과 여타의 학문(심리학, 법학, 정치학, 경영학, 사회학, 통계학, 조경학, 기타)이 독립성을 유지하면서 다양한 접근이 연결되기 때문에 하나의 법칙이 나타날 수 없는 것이다. 관광객의 다양한 심리와 여행패턴에 따라 개인적인 관광행동에는 차이가 존재할 수밖에 없는 것이다. 이러한 내용을 분석하기 위해서는 심리학, 관광학, 사회학, 경영학 등등이 종합적으로 포함되어야 한다. 그렇기 때문에 법칙이란 존재하기 어려운 것이다. 예를 들어, 관광객이 여행을 하고 싶은 심리가 작용하더라도 자신의 조직에서 가능한지를 확인하는 경영학적인 마인드가 필요할 것이다. 그러한 가운데서도 세월호 사건과 같이 사회적인 영향도 판단해야 할 것이다.

관광학의 형성배경은 기존학문의 분화나 이론의 진화에 기인한다기보다는 새로운 삶의 문제의 출현에 더욱 근거하고 있음을 의미하며, 학문 자체의 자발적인 인식보다는 사회의 요구와 요청에 더욱 기초하고 있음을 보여준다. 즉 관광학은 현실성과 실천성이 존재하는 것이다.

관광학은 학문의 성격상 종합학문에 속한다. 그러므로 어느 특정 학문적 연구에 의존하기보다는 다양한 학문분야로부터 다각적인 접근이 이루어지며, 소위 학제적 접근방법(interdisicplinary approach)이 시도되고 있다. 결론적으로 관광은 종합학문으로서 철학적인 관광학의 이해와 여러 학문으로부터의 응용을 통하여 연구해 나가야 관광학의 문제를 해결할 수 있는 것이다.

제 3 장

관광의 역사

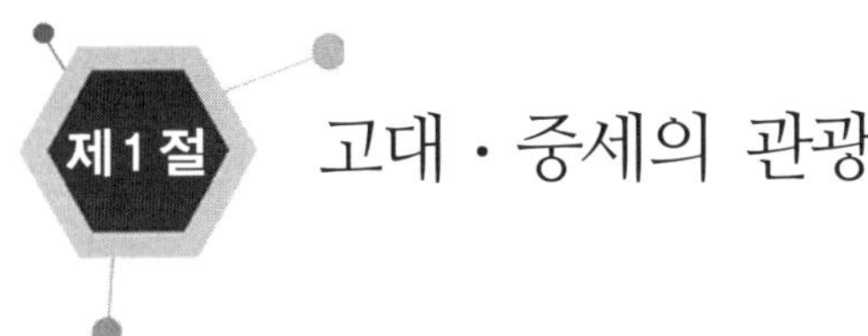

고대 · 중세의 관광

1 고대 이집트와 그리스의 관광

고대 이집트에서는 신전에 대한 순례를 위한 관광이 존재하고 있었다는 것이 고문서에 기술되어 있다고 하며, 기원전 5세기에 살았던 역사가 헤로도투스(Herodotus)도 이집트인들의 관광현상에 대해 기술하고 있다. 특히 대상(隊商)이 여행하는 도중에 그 일부가 루트(route)를 벗어나서 오지(奧地)를 탐색하여, 그곳에 아름다운 계곡이나 진귀한 식물을 발견하면 그것이 입소문을 통하여 사람들에게 전해진 것이 관광의 기원이라 할 수 있다.

관광이 유럽에서 본격적인 형태로 나타난 것은 그리스 시대였다. 여러 문헌에 나타나있는 그리스의 관광은 체육, 보건, 종교의 세 가지 동기에서 비롯되었다.

체육활동을 위한 관광은 주로 아테네의 고대 올림픽을 참관하기 위한 이동이었고, 문헌에 의하면 기원전 776년 이후 올림피아(Olympia)에서 열렸던 경기대회에는 많은 사람들이 여러 곳에서 참가하여 이를 즐겼다고 한다. 요양(보양)을 위한 관광활동은 귀족들이 온천과 휴양지에서 휴식을 취하고 건강을 회복하기 위한 이동으로 주로 에게해(Aegean Sea)에 여기저기 흩어져 있는 여러 섬 중에서도 델로스(Delos)에는 요양을 위하여 머물렀다고 전하여지고 있으며, 즐거움을 위한 여행의 목적이 된 최초의 것은 스포츠와 그 관람이었음을 알 수 있다. 또한 그리스의 여러 신의 신전이 각지에 건축되어서 참배자가 많았다는 것도 알려져 있다. 이것은 주로 종교적인 목적으로의 관광으로서 특히 델포이(Delphoi)의 아폴로(Apollo)의 신전이나 아테네(Athenai)의 제우스(Zeus)나 헤파이스토스(Hephaistos)신전이 유명했다고 하며, 참배를 하거나 순례여행을 한 것으로 알려지고 있으며, 중세 이후에는 그리스도교의 성지가 이를 대신하게 된다.

그리스에서는 도시국가의 성장이 관광발전에 큰 요인이 되었다. 도시국가의 형성에 따라 쇼와 무녀(舞女) 및 도박 등이 성행해 관광유인요인으로 작용하였다. 그리고 오늘날의 관광안내원과 상담역과 같은 역할을 하는 '프록스모스 제도(proxemos system)'가 생겨 시민들의 해외여행과 관용업무여행에 도움을 주었고 여행을 한 차원 높이는 계기가 되었다.

또한 이 시대의 여행자는 민가에서 숙박하는 것이 일반적이었으며, 여행자는 신의 보호를 받는 '신성한 사람'으로 여기며 후대했던 관습이 있었고, 이와 같은 환대의 정신은 호스피탈리타스(Hospitalitas)로서 최고의 미덕 가운데 하나로 여겨졌다. 역사가 토인비(A. J. Toynbee)의 말에 따르면 그리스의 4세기 중엽이후는 이른바 헬레니즘(Hellenism)시대로서 '인간존중의 정신'이 지배하고 있었는데 이때부터 환대가 여행자를 접대하는 기본정신으로 생각되어 온 것이라 말할 수 있다.

2 고대 로마의 관광

로마시대의 경제적·정치적 안정을 바탕으로 발달된 해상교통과 도로망, 화폐소지를 통해 관광의 행동반경이 넓어지고, 학문적 발달을 바탕으로 지식수준이 높아지면서 미지의 세계에 대한 관심이 커지면서 관광이 더욱 발전하게 되었다. 로마 시대는 고대 그리스 시대와는 상당한 변화를 보인 시기이다. 그리스 시대의 주요 동기가 종교적인 목적이라면 로마 시대에는 종교적인 목적뿐만 아니라 요양, 식도락이나 예술, 문화 등 좀더 다양한 형태의 관광이 생겼다. 로마신화의 여러 신의 신전은 본토는 물론 여러 섬의 곳곳에 여기저기 세워졌고, 사람들은 각각의 목적에 따라서 "주피터(Jupiter)", 미의 여신 "비너스(Venus)", 농업의 신 "사탄(Satan)" 등의 신전에 참배했다.

로마 시대에는 사람들이 맛있는 식사를 즐기는 식도락이 많았고 이들이 각지에서 식사때 포도주를 즐기면서 여행하는 식도락관광(gastronomia)은 당시의 유행이 되었다. 하지만 이와 같은 미식으로 상당수 사람들이 비만으로 고생했고 이것을 치유하기 위한 목적으로 인근의 온천 등의 휴양지를 찾아 떠나는 사람들이 생기면서 요양관광(보양관광)이 생겨났다. 그에 따른 요양객을 위한 연극이 공연되었고, 또한 카지노도 설치되었다.

카프리 섬의 '티베리우스 황제의 별장', 알프스의 산베르나르도(San Bernardo)에 있는 '쥬피터 신전' 참배 등과 같은 각지의 명승고적을 탐방하는 예술적 욕구와 시실리 섬의 에트(Etna)화산을 찾는 과학적 욕구 등은 관광의 새로운 욕구로 나타났다. 그러나 기원 5세기에 이르러 로마제국이 붕괴되면서 치안은 문란해졌고 도로는 황폐해졌으며, 화폐경제는 다시 실물경제로 되돌아감으로써 관광에 있어서는 악조건이 겹쳤기 때문에 오랜 관광의 공백시대로 빠져들게 되었던 것이다.

3 중세 유럽의 관광

세계사에서 중세는 시기적으로 로마제국 붕괴 이후 4세기 말에서 14세기 르네상스운동이 일어나기 전까지의 약 1,000년간을 말한다. 로마제국의 붕괴는 다양한 관광활동의 위축을 초래하였고, 중세사회는 교회를 중심으로 크리스트교 문화가 주류를 이루면서 정치 · 경제 · 사회 전반에 종교적 영향을 받게 되고, 봉건제도가 자리를 잡게 되었다. 따라서 관광활동은 예루살렘 및 로마 교황청 등지로 성지순례와 같은 종교여행이 주류를 이루었다. 중세 유럽의 관광은 성지순례(聖地巡禮, Pilglim)의 형태를 취하였고, 그들은 수도원에서 숙박하고 승원기사단(僧院騎士團)의 보호를 받으면서 가족단위로 먼 길의 관광을 즐길 수가 있었다.

중세 말기 있었던 200년에 걸친 십자군전쟁은 종교적 · 군사적인 면에서 원래의 목적을 달성하지 못했지만 정치 · 경제 · 사회 전반에 지대한 영향을 미쳤다. 특히 동방과의 교통이 열리면서 동서양의 통상무역 및 문화교류를 확대 할 수 있었으며, 또한 이들을 수용할 수 있는 인(inn)이라는 숙박시설이 등장하여 근대사회에서 관광이 활발할 수 있는 계기를 마련하였다. 13세기

말 마르코 폴로(Marco Polo)는 아시아의 페르시아 · 티베트 · 고비사막 · 미얀마 · 인도네시아 · 인도 · 실론섬 등지를 여행하였는데, 이 여행기는 14세기 초『동방견문록』으로 출간되어 유럽 사람들에게 아시아에 대한 여행의 욕구와 호기심을 자극하는 계기가 되었다.

근세의 관광

1 근세 유럽의 관광

유럽에 있어 15세기에서 19세기 초까지는 르네상스, 대항해, 종교개혁, 미국의 독립, 그리고 계몽주의가 확산된 시기로 역사의 시대구분은 이를 근세라고 부른다. 이와 같은 근세는 근대의 기초가 구축되는 시대이며 또한 여행의 역사에서 관광의 역사로 전환하는 시기라고도 할 수 있다.

유럽에 있어서의 관광은 일부에서는 대항해시대를 맞이하는 등 화려한 일면도 있었지만, 근대사회에 있어서도 그 종교관광의 기조는 변하지 않았다. 그러던 것이 19세기에 들어서면서 커다란 변화가 나타났다. 이 시대에는 이미 중세 말기에 생긴 여관조합(inn guild)이 발전하여 여관의 수도 많아졌으며 관광여행이 쉬워진데다, 문예부흥기를 맞아 괴테(J. W. v. Goethe), 셸리(P. B. Shelley) 그리고 바이런(G. G. Byron) 등 저명한 작가와 사상가가 대륙을 여행한 후 발표한 작품들이 또 다른 관광여행의 자극제가 되었다. 역사학자는 이 시대를 가리켜 '교양관광의 시대' 또는 '그랜드 투어(Grand Tour)의 시대'라고 부르고 있다.

이른바 산업혁명이 가져온 기술혁신의 하나인 철도의 발달은 특히 영국에서 두드러져서 1850년에는 주요 철도망이 거의 완성되어 있었다. 이와 같은 시대상황에서 등장한 것이 토마스 쿡(T. Cook)인데, 그의 활약에 의하여 대중의 즐거움을 위한 여행은 새로운 형태로 전개되어 갔다.

영국인 목사였던 쿡은 관광분야에서는 최초로 여행업을 창설한 인물로 다양한 아이디어 속에 단체관광(패키지 투어)을 처음으로 시도하였으며, 이러한 단체관광의 구조하에 관광의 대중화의 길이 열리게 된 것이다.

쿡에 의한 여행업의 창설은 처음에는 종교활동에서 시작되었다. 쿡은 인쇄업을 운영하면서 전도사 및 금주운동가로서 활동하고 있었는데, 당시 도시노동자의 음주습관을 없애기 위하여 관광이라는 건전한 레저활동을 노동자계층에 인식시키며 금주운동을 펼치고 있었던 것이다. 여행과 관련한 쿡의 최초의 업적은 금주운동 참가를 위한 단체여행의 주최였다. 그는 1841년에 철도회사와의 교섭을 통해 단체할인의 특별열차를 임대하여 570명 참가자들의 전 여정을 관리하여 성공적으로 끝마쳤는데, 이는 근대여행업의 제일보라 할 수 있다.

그 후 쿡에게 여행수속의 대행을 의뢰하는 사람이 속출하여, 드디어 1845년에는 단체여행을 조직화하고, 교통기관이나 숙박시설을 알선하는 것을 전업으로 하는 '여행대리업(당시는 excursion agent)'을 경영하게 되었다. 쿡의 공적은 누가 무엇이라 하여도 대중의 여행을 손쉽게 한 것에 있으며, '즐거움을 위한' 여행에 참가할 수 있는 사람들을 증대시켰다는 점이다. 이 점에서 쿡을 '근대관광산업의 아버지'라고 부르고 있으며, 또 쿡의 등장 이후를 '근대관광의 시대'라고 부른다.

한편, 숙박시설면에서도 19세기가 되면서 온천지를 중심으로 호화로운 객실과 위락시설을 갖춘 곳이 나타났는데 이를 호텔이라 부르게 되었다. 남부 독일의 바덴바덴(Baden-Baden)의 바뒤쉐 호프(Der Badische Hof)나 하이델베르그(Heidelberg)의 유로페쉬호프(Der Europaische Hof), 파리의 그랑 호텔(Grand Hotel) 등이 그것이다.

2 근세 미국의 관광

미국의 여행역사상 가장 중요한 사건중의 하나는 제2차 세계대전 동안에 이루어진 인력의 이동이다. 이 과정에서 여행은 생활경험의 일부가 되었으며, 전쟁이후에 가솔린 배급제가 철폐되고 자동차가 다시 제조되면서 여행증가현상이 두드러지게 되었다. 또한 비행기, 기차 및 버스를 이용한 여행도 증대되었다.

미국은 독립 이후 급속한 근대화를 이루어 19세기 말에는 영국을 제치고 세계경제를 주도하는 대국이 되었다. 경제발전으로 인한 중산층의 탄생은 20세기에 들어와 관광 붐을 일으켜 1910~1920년에 걸쳐 미국인의 유럽여행 붐을 조성하였으며, 유럽에서도 미국관광이 유행하여 유럽대륙과 북미대륙 간의 왕래가 빈번하게 되었다.

이렇게 대서양을 사이에 두고 양 대륙간의 교류가 증가하게 된 배경에는 대형화 · 고속화를 이룬 대형 호화여객선의 등장을 들 수 있다. 20세기 전반은 이러한 호화 대형여객선의 시대라 할 수 있으며, 대형 여객선에 의한 관광은 하와이, 카리브해의 여러 섬, 아프리카, 아시아 등을 대상으로 하는 세계 주유관광의 확대를 실현시켰다. 또한 미국에서는 20세기 초두에 자동차 붐이 일어나 경제적 풍요로움과 중산층 계급의 대두를 상징함과 동시에 국내관광의 발전에도 기여하게 되었다. 이것이 이른바 '유럽으로의 여행시대'이다. 이와 때를 같이하여 스타틀러(E. M. Statler)와 같은 호텔경영자에 의해서 미국의 호텔기업이 대형화 · 근대화되는 계기가 마련되었다. '근대호텔의 혁명왕'으로 일컫는 스타틀러는 1908년에 버펄로(Buffalo)에서 스타틀러 호텔(Statler Hotel)을 개관함으로써 미국 호텔산업에 새 역사를 탄생시킨 인물이다.

영국에서도 근대적인 호텔기업을 발전시킬 수 있는 터전이 마련되기는 하였으나 크게 성장하지 못하였고, 미국에서 오히려 융성한 발전을 가져와 오늘날 호텔기업의 본고장으로 평가되고 있다. 이와 같이 근대에 와서 미국의 호텔이 유럽의 호텔보다도 더 발전을 보게 된 까닭이 무엇인가를 다음과 같은 측면에서 살펴볼 수 있겠다.

첫째, 숙박업자들의 개성면에서 미국의 숙박업자들은 유럽에 비해 보다 진취적이고 투기적이며 확장주의적 과감성이 있었던 결과이고,

둘째, 호텔기업의 개성면에서 유럽의 것이 귀족적 냄새를 풍기며 화려한 그리고 안정적인 특성을 보이는데 반하여, 미국의 호텔은 평등적 내지는 대중적 취향의 운영형태를 보여 주었다는 점이다. 이의 중요한 요인은 미국인의 생활습관에 기인함과 동시에 여행을 어느 나라에 비해서도 좋아하는 사실에서 기인되고 있다. 이는 곧 오늘날까지 국내외를 막론하고 호텔산업의

발전을 유도한 선도적 요소이기도 하다.

특히 20세기 초에 스타틀러가 전혀 새로운 스타일의 버팔로 스타틀러 호텔(Buffalo Statler Hotel)의 문을 열어 도시를 왕래하는 중산층의 여행자가 투숙할 수 있는 상용호텔의 탄생을 가져옴과 동시에 미국호텔산업의 새로운 시대를 열었다.

3 근세 일본의 관광

(1) 근세시대의 여행

일본의 근세라 하면 16세기 후반에서 에도시대 말까지를 말하는데 이 시기에는 전국시대가 종식되면서 경제활성화를 위한 교통의 발달과 치안유지 등 여행의 조건이 기본적으로 정비됨에 따라 여행활성화가 재개되었다. 특히 이 시대에는 주인무역선에 의한 해외교역이 성행하였다. 하지만 에도시대에는 근대화를 위한 경제적 · 사회문화적 기반이 형성되어 실질적으로 민중이 「즐거움을 위한 여행」을 누릴 수 있었던 시기라 할 수 있다.

(2) 에도시대의 여행

에도시대에 들어오면서 여행을 위한 제반 조건이 거의 갖추어지게 된다. 봉건제도가 정착된 에도시대에는 각 지역을 관리, 통치하던 영주나 무사들에게 순번제로 일정기간 동안 에도로 불러들여 정부일을 담당케 하는 '참근교대제(參勤交代制)'가 제도화되었다. 이들의 이동편의를 위해 전국에 걸쳐 도로 및 숙박시설이 정비되었으며 농업경제 활성화로 인한 화폐경제의 발달과 치안향상 등은 일반 서민들까지 여행의 기회를 누릴 수 있는 촉매역할을 하였다.

그러나 에도시대에는 본격적으로 「즐거움을 위한 여행」이 실현되기에 몇 가지 난점을 안고 있었다. 거주지를 벗어난 타지역으로의 여행은 엄격히 통제되었으며, 관할관청으로부터 허가서를 교부받아야 하는 등 규제사항이 많았지만 의료 및 신앙과 관련한 여행에 대해서는 어느 정도 허용되고 있었다. 따라서 일반 서민들은 "탕치료"나 "신사참배"를 구실로 하여 나름대로의 「즐거움을 위한 여행」을 누리고 있었던 것이다.

(3) 에도시대의 종교여행

에도시대에 유일하게 서민들이 참가 가능한 여행은 바로 종교관련 여행이었다. 주로 종교관련 여행이라 함은 전국의 참배지를 순례하는 여행으로 당시 가장 인기가 높은 참배지는 「이세신궁(伊勢神宮)」이었다. 이세신궁은 서민에게 있어 일생에 한 번은 참배해야 되는 곳으로 인식될 만큼 종교적 흡인력이 강한 곳이었다.

특히 이들의 여행을 위해 도로주변에 대규모로 편의시설이 마련되었으며 이러한 시설덕분에 여행이 가능하였다는 뜻에서 오카게마이리라는 용어가 탄생되었다고 한다. "오카게"란 일본어로 "덕분에"라는 말이다.

어쨌든 민중의 여행이 활성화된 것은 에도시대이지만 여전히 저해요소가 산재해 있었으며 이러한 것이 완전히 제거되어 여행의 틀을 벗어나 하나의 「관광」으로 자리매김한 것은 일본 근대가 시작된 메이지시대부터라 할 수 있다.

(4) 근대화와 관광의 발생

1868년 메이지시대에 접어들면서 일본은 근대국가로서의 형태를 갖추었으며 근대화 구조의 기반이 마련되면서 관광정책에도 영향을 미치게 된다. 특히 관광관련 분야 중 여행업에 관련한 정책을 펼치게 되는데 이러한 정책 배경에는 무엇보다도 외국인 관광객을 유치하려는 정부의 의지 때문이었다. 1896년에는 「희빈회(喜賓會)」라는 여행알선단체를 설립하여 상류계층의 외국인 관광객을 접대하기도 하였다. 이후 20세기로 들어서면서 미국과 유럽에 있어 중산계층에 까지 국제관광 붐이 일어나 이들 외국인 관광객을 전문적으로 대응하기 위하여 「Japan Tourist Bureau」가 설립되었는데 현재의 (재)일본교통공사의 전신인 것이다.

한편 국내중심의 개인관광 역시 근대화의 물결에 힘입어 활성화되었는데, 특히 에도시대까지 산재해 있던 저해요인의 철폐가 큰 몫을 하였다. 이동의 자유, 세키쇼의 폐지, 가교건설 등의 시책이 경제적 풍요로움과 맞물려 관광을 한층 더 부흥시켰으며, 철도망의 정비와 여관 등 숙박시설의 확충이라는 조건 역시 충족되어 있었다.

(5) 단체여행과 수학여행

일본 근대관광의 특징으로는 단체여행을 들 수 있는데, 이 중 수학여행은 일본 고유의 관광형태라 할 수 있다. 수학여행은 메이지 시대에 근대학교제도가 정비되자 1888년에 문부대신 훈령으로 정식적으로 탄생하였는데 전쟁 중에 잠시 폐지되었다가 종전이후인 1946년에 재개되어 오늘날까지 이르고 있다. 수학여행의 목적은 학생이 단체여행을 통하여 학교생활에서 얻을 수 없는 경험이나 지식 그리고 견문 등을 넓히기 위함으로 서양의 그랜드 투어처럼 교육적의의가 깊은 단체여행이라 하겠다.

(6) 관광의 발전과 좌절

1920년대부터 활성화되기 시작한 국내관광은 신혼여행이라는 형태로 일반서민들에게 확대되어 갔다. 그리고 이 시기에는 동아시아를 대상으로 하는 국제관광도 확대되었으며 당시 조선과 중국 본토 등을 대상지역으로 하여 군인이나 상류계층에 의한 관광이 주를 이루고 있었다.

1930년대에는 외교정책의 실패로 군국주의가 대두되었지만 엔화의 폭락으로 외국인 관광객이 증가하였으며 1936년에는 방일 외국인 관광객수와 일본인 국내 관광객수가 모두 절정에 이르는 기록을 남기기도 하였다. 하지만 이듬해인 1937년에는 중국과의 전쟁발발과 1941년 태평양전쟁의 돌입 등으로 인해 관광의 공백시대를 맞이하였으며 1960년대에 들어오면서 다시금 관광의 활성화가 가능하게 되었다.

4 근세 한국의 관광

우리나라는 고조선시대부터 조선시대에 이르기까지 특권층과 종교인을 중심으로 외교·종교·학문연구·수양 및 교역활동 등의 관광여행이 부분적으로 있어 왔지만 왕권중심의 전제주의와 폐쇄적인 사회문화로 인하여 관광은 자유로울 수 없었고, 발전에도 한계가 있었다.

우리나라가 본격적으로 관광에 눈을 뜨게 된 것은 1876년 일본이 운양호 사건을 발발시켜 강화도조약을 체결한 것을 계기로 부산항에 이어 원산항·인천항이 개방되면서부터이다.

(1) 개방이후~해방 전의 관광

개방 이후 우리나라에도 서구문물이 유입되기 시작하면서 특히 인천항으로 외국인들의 입국이 증가하자 1888년 인천에 우리나라 최초의 호텔인 대불호텔이 건립되었다. 이 호텔은 3층 벽돌로 건축되었으며, 객실은 11실이었으나 숙박이외의 기능은 없었다. 당시 인천항으로 입항한 외국인들은 육상으로 서울로 가기 전에 인천에서 숙박을 해야만 했으므로 대불호텔은 연일 만원을 이루었다. 그러나 이후 경인선이 개통되면서 외국인들이 서울에 있는 공관에서 숙실을 하자 영업부진으로 폐업하고 말았다.

1902년에는 서울에 최초의 서양식 호텔인 손탁호텔이 건립되었는데, 이 호텔은 2층 건물에 객실은 30실로 커피숍 등이 갖추어져 외교 및 사교의 장소로서 인기가 높았다.

1912년에는 경부선과 경의선의 개통에 따라 부산과 신의주에 각각 철도호텔이 건립되어 철도여행객을 수용하였다.

1914년에는 당시 69실규모의 조선호텔이 건립되었는데, 재건축을 통하여 오늘날까지 명맥을 유지하고 있다.

1915년에는 우리나라에서 최초로 여행업무가 시작되었는데, 일본 여행사인 JTB(Japan Tourist Bureau)의 조선지부에서 철도승차권 판매를 대행하면서부터이다.

1916년에는 일본이 여의도 · 대구 · 울산 · 평양 · 신의주 등지에 간이비행장을 만들면서 지방도시를 연결하는 항공운송이 시작되었고, 1930년에는 경인구간에 유람비행사업이 시작되었으며, 1936년에는 조선항공사가 설립되어 서울과 이리 사이에 정기항로를 개설하여 주2회씩 운항하기도 했다.

그리고 1936년에는 당시 최대 규모인 111개의 객실에 8층 높이의 콘크리트 구조물로 만들어진 반도호텔이 건립되어, 서울의 명물이자 관광의 상징이 되기도 했다.

이와 같이 개항 이후 해방 전까지 우리나라의 관광발전사는 관광의 사회적 현상이나 조류에 의한 것이라기보다는 호텔 등의 관광산업체 위주로 진전되었음을 알 수 있다.

(2) 해방 이후의 관광

1) 해방 이후~1950년대의 관광

일본이 패망하자 1945년 10월에 일본 여행사인 JTB를 인수하여 우리나라 최초의 여행사인 조선여행사가 설립되었고, 1949년에 대한여행사로 회사명을 변경하였다. 또한 1948년에는 우리나라 최초의 항공사인 대한민국항공사(KNA: Korea National Airlines)가 설립되어 서울-부산, 서울-강릉, 서울-광주-제주 등의 노선에 취항하였으나 탑승객이 적어 경영난을 겪었으며, 1949년에는 미국 팬암항공사가 시애틀-도쿄-서울을 연결하는 노선에 취항하였는데, 우리나라 최초의 외국항공사 국내취항이었다.

1952년에는 교통부에 관광계가 신설되어 처음으로 관광행정업무를 담당하였고, 관광계는 1954년 관광과로 승격되었다. 1958년에는 교통부장관을 위원장으로 하는 관광위원회가 발족되어 관광사업의 계획을 수립하기 시작하였으며, 이 시기에 우리나라 최초의 해외선전간행물인 「Welcome to Korea」가 발간되어 외국에 배포되기도 했다.

1957년에는 교통부가 세계관광기구(WTO)의 전신인 IUOTO에 가입하여 국제협력기반을 조성했으며, 1959년에는 민간관광단체인 한국호텔업협회가 발족되었다. 이 무렵 주관광여행자는 주한외국인들이었다. 1950년대 후반

이들은 RAS(Royal Asiatic Society)라는 조직을 만들어 전국의 명소를 누비고 다녔는데, 이 때 등장한 호텔이 온양호텔·불국사호텔·서귀포호텔·해운대호텔 등이다.

이와 같이 8·15해방 이후 1950년대까지의 관광은 우리나라 최초로 여행사와 항공사가 설립되고 관광행정이 시작되었지만, 정부수립 전후의 사회혼란과 6·25전쟁에 따른 정치·경제·사회적 불안 등으로 발전을 이루지 못해 우리나라 관광사에서 암흑기라고 할 수 있다.

2) 1960년대의 관광

1961년에 들어서자 관광에 대한 최초의 법률인 관광사업진흥법이 제정·공포되어 우리나라도 관광사업에 눈을 뜨기 시작하였다. 1962년 민간관광사업이 한계를 보이자 정부가 나서서 외화획득을 위한 관광사업과 국제수지개선을 위하여 정부출자의 국제관광공사와 대한항공사를 설립하였으며, 유능한 관광안내원을 양성하기 위하여 통역안내원 자격시험제도가 도입되었다. 1963년도에는 교통부 관광과가 관광국으로 승격되었고, 관광외화를 획득할 목적으로 종합위락시설인 워커힐호텔이 당시 최대규모(254실)로 개관하였다.

1965년 워커힐호텔에서 개최된 태평양지역관광협회(PATA: Pacific Area Travel Association) 제14차 연차총회는 대규모 외국인관광객을 유치하기 위하여 적극적인 활동이 필요하다는 중요한 계기가 되었다. 일본은 1964년 자국민의 해외여행자유화를 실시하였는데, 1965년 한·일국교정상화는 일본관광객에게 문호를 개방함으로써 우리나라 관광의 발전에 일대 도약의 계기를 마련하였다. 또한 이 시기에 관광호텔종사원 자격시험제도가 실시되어 접객서비스의 질적 향상에 기여하였다. 그리고 1967년에는 자연공원법에 따라 지리산이 우리나라 최초의 국립공원으로 지정되었다.

이와 같이 1960년대 우리나라의 관광은 처음으로 정부의 적극적인 관광진흥시책과 제도에 의하여 활기를 띠기 시작했다는 점에서 우리나라 관광의 태동기라고 할 수 있다.

3) 1970년대의 관광

1971년에 개통된 경부고속도로는 전국적으로 관광지개발을 촉진시켰고, 육상관광의 발전을 가져 왔다. 1975년에 열린 경제장관간담회에서는 관광산업을 국가전략산업으로 격상시키고 수출산업에 준하는 세제감면 혜택과 금융·행정지원을 제공하기로 결정하여 이후 신규호텔의 건설이 증대하였다. 그리고 1975년에는 종전의 관광사업진흥법을 폐지하고 관광기본법과 관광사업법으로 분리 제정·공포하여 외화획득을 위한 국제관광 진흥정책에서 건전한 국민관광의 발전도 도모하겠다고 선언을 한 점은 우리나라 관광사에서 특기할만하다고 할 수 있다.

특히 1975년 전후시기에 외국인관광객을 유치하기 위하여 경주보문단지와 제주중문단지와 같은 대규모 관광단지의 개발에 착수하는 등 관광진흥에 대한 노력은 1978년 우리나라 관광역사상 처음으로 외래관광객 100만명선을 돌파(아시아에서 5번째)하고, 관광수입 4억달러라는 결실을 맺게 되어 관광입국으로서 기틀을 마련했을 뿐만 아니라 관광선진국으로 도약할 수 있는 가능성을 보여 주었다.

이와 같이 1970년대 우리나라의 관광은 경제성장과 더불어 관광산업을 국가전략산업으로 육성·발전시켜 관광입국의 초석을 다졌다는 점에서 우리나라 관광의 성장기라고 할 수 있다.

4) 1980년대의 관광

1982년 야간통행금지 해제조치는 국민생활과 경제산업활동에 촉진제가 되었을 뿐만 아니라 대외적인 이미지개선에도 큰 기여를 하였다. 특히 시간의 제한없이 관광을 즐길 수 있게 되자 외국관광객들의 심야관광활동이 활기를 띠게 되었고, 일본관광객들의 주말여행, 즉 금요일 저녁에 한국에 와서 일요일 오후에 돌아가는 여행이 성행하여 관광수입을 증대시키는 기폭제가 되었다.

1986년에는 관광사업법을 폐지하고 관광진흥법을 제정·공포하여 종전의 규제중심의 정책에서 민주적 정책으로 전환하는 계기가 되었다. 1988년에는 서울올림픽이 개최되었을 뿐만 아니라 이 무렵 제2민항인 아시아나항공사가 출범하여 우리나라 관광산업의 발전에 새로운 전기를 마련하였는데, 이 해에 외래관광객 유치 200만명을 돌파하였다.

한편 1989년에는 전국민 해외여행자유화 조치에 따라 관광산업을 국제화하는 토대를 마련하였는데, 이후 내국인들의 해외여행이 폭증하자 국외여행업체가 급증하게 되었다.

이와 같이 1980년대 우리나라의 관광은 1970년대의 초석을 바탕으로 여러 기회요인에 의하여 외래관광객의 대량유치와 내국인 해외여행 자유화의 기반을 마련하였으므로 관광의 도약기라고 할 수 있다.

5) 1990년대의 관광

1991년도에 처음으로 외래관광객이 300만명선을 돌파하였고, 1992년에는 중국과 수교하여 관광시장 다변화의 계기를 마련하였다. 1993년의 대전 엑스포, 1994년의 한국방문의 해 사업 등으로 인하여 1990년대도 외래관광객 유치는 꾸준히 늘었으나 무분별한 국민해외여행으로 인하여 1994년도부터는 관광수지가 적자로 나타나기 시작했다. 1997년 말부터 시작된 외환위기에 따른 IMF체제의 기간에는 국외여행사를 비롯하여 호텔・외식사업체 등 많은 관광산업체가 도산하거나 구조조정을 겪어야 했다. 따라서 이 기간에는 비록 1998년에 처음으로 외래관광객 400만명을 돌파하였으나 국내관광의 불황과 내국인의 국외여행이 저조하여 전체적으로 관광산업은 침체기 국면을 맞이하였다. 이러한 여건 속에서 1998년에는 금강산관광이 시행되어 남북관광시대의 물꼬를 트는 역사적인 순간도 맞이하였다.

6) 2000년대의 관광

IMF체제를 벗어나기 시작한 2000년에 들어서자마자 대망의 외래관광객 유치 500만명선 돌파에 관광수입 약 68억달러를 달성하였다. 2001년에는 인천 신공항이 개항하여 동북아의 허브공항으로서 역할을 하게 되었으며, 2002년에는 한・일월드컵이 개최되어 대규모 관광객 유치는 물론, 대외 이미지 제고에 한 몫을 하였다.

2003년은 동북아 경제중심국가 건설을 위한 원년으로 아시아 관광허브 건설기반 구축과 개발중심의 관광정책에서 문화예술 및 생태적 가치지향의 관광정책으로의 전환 및 국제적 관광인프라 확충을 추진하는데 중점을 두었다.

또한 2004년도에는 2000년대 초부터 불기 시작한 한류열풍이 최고조에 달하였고, 고속도로 KTX의 개통 및 대형 국제회의의 유치 등 외래관광객 유치를 위한 여러 기회요인을 맞이하였으며, 국내관광분야에서도 주5일제 실시에 따라 국내관광산업이 활성화되고, 내국인의 해외여행도 급증하였으며 특히 2004년은 '관광진흥 5개년 계획(2004~2008년)' 등 고부가가치의 관광산업 육성을 위한 중기계획이 수립되었다.

2005년에는 문화 · 관광 · 레저스포츠산업에 대한 중장기 청사진으로서 "C-Korea 2010 문화강국"을 수립하여 발표하였으며, 범정부적으로 관광산업 진흥을 위한 지원체제를 구축하기 위해 관계부처 국장급 공무원으로 '관광산업 경쟁력 강화 TF"를 구성하여 운영하고 있다. 그리고 아시아 최고의 휴양도시를 목표로 국제 경쟁력 있는 관광목적지를 조성하기 위해 관광레저도시추진기획단을 공식 출범시켜 관광레저도시 건설 시범사업을 본격적으로 추진하였다. 광역권 관광개발사업에 전문가들이 참여하여 사업효과를 극대화할 수 있도록 자문단을 구성하여 운영하고 있다. 또한 WTO(세계관광기구) 집행이사회 의장국으로서 쓰나미 피해국의 관광복구를 위해 50만 달러를 지원하고, ST-EP(지속관광-빈곤퇴치) 재단활동을 적극 지원하는 등 국제관광계에서 우리나라의 위상을 높이는데 크게 기여하였다.

표 3-1 한국관광의 주요 연대기

구분	연도	사건	특징
개항이후 ~ 해방이전	1888년	인천 대불호텔 개관	우리나라 최초의 호텔
	1902년	서울 손탁호텔 개관	우리나라 최초의 서양식 호텔
	1914년	조선호텔 개관	
	1915년	JTB 조선지사	최초의 여행업무 시작
	1936년	조선항공사 설립	최초의 정기항공노선 운항
해방이후 ~ 1960년 이전	1945년	조선여행사 설립	우리나라 최초의 여행사(1949년 대한여행사로 변경)
	1948년	대한민국항공사 설립	우리나라 최초의 항공사
	1952년	교통부에 관광계가 신설	최초로 관광행정업무 담당
1960년대 (태동기)	1961년	관광사업진흥법 제정·공포	관광에 대한 최초의 법률
	1962년	관광통역안내원 자격시험 실시	
	1965년	PATA총회 개최	최초로 대규모 국제회의 개최
	1965년	한·일국교정상화	
	1967년	지리산 국립공원으로 지정	우리나라 최초의 국립공원
1970년대 (성장기)	1971년	경부고속도로 개통	관광지개발촉진
	1975년	관광기본법 및 관광사업법 제정·공포	국민관광발전 도모
	1978년	외래관광객 유치 100만명 돌파	
1980년대 (도약기)	1982년	야간통행금지 해제	심야관광활동 촉진
	1988년	서울올림픽 개최	대규모 관광객 유치
	1988년	아시아나항공사 출범	복수항공시대의 개막
	1988년	외래관광객 유치 200만명 돌파	
	1989년	전국민 해외여행 자유화 실시	국외여행업체의 급증 계기
1990년대 (침체기)	1991년	외래관광객 유치 300만명 돌파	
	1997년	IMF체제	관광사업체 도산 및 구조조정
	1998년	금강산관광시행	남북관광시대의 장을 열게 됨
	1998년	외래관광객 유치 400만명 돌파	
2000년대 (재도약기)	2000년	외래관광객 유치 500만명 돌파	
	2001년	인천 국제공항 개항	동북아의 허브역할
	2002년	한·일월드컵 개최	대외 이미지 제고
	2004년	KTX 개통	
	2004년	한류열풍 고조	
	2005년	APEC 정상회담	

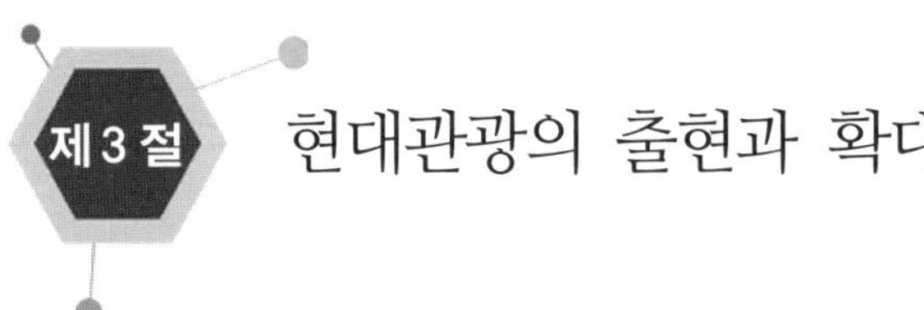

현대관광의 출현과 확대

1 현대사회의 구조적 특징

현대사회의 관광은 관광형태의 패러다임을 고려해 볼 때 제2차 세계대전 이후부터 1980년대까지를 제1기, 1990년 이후를 제2시기로 시대적 구분을 할 수 있다.

제2차 세계대전 이후 제1기 기간에는 1952년 제트여객기의 출현과 관광버스・자가용 등 교통수단의 대량보급과 함께 대형 호텔에서부터 모텔에 이르기까지 다양한 숙박시설이 등장하여 보다 빠르고, 보다 안락하며, 보다 저렴한 형태의 국내외관광을 할 수 있게 되었다.

또한 매스컴의 발달은 미지의 세계에 대한 관광동기를 자극하였을 뿐만 아니라 다양한 관광정보도 획득할 수 있게 하였으며, 가처분소득 및 여가시간의 증대는 대량 또는 대중관광(mass tourism)시대를 맞이하게 되었다.

1990년대 이후 제2기에서는 관광이 사회와 환경에 미치는 부정적인 영향을 최소화하기 위하여 다양한 논의를 하였는데, 1989년 자연과 관광의 상호의존관계를 강조하고, 관광발전은 자연보존이 전제가 되어야 한다는 취지의 '헤이그 선언'을 발표한 이후 1997년 몰디브 '말레 선언'에서는 관광과 환경의 조화를 위한 지속가능한 선언(sustainable tourism)을 강조하였다.

이와 같이 현대사회의 제1기 관광은 대중화에 의한 대량관광이 실현되었고, 중후반에 와서는 소외계층을 위한 사회복지관광과 친환경적관광에 대하여 관심을 가졌으며, 제2기 관광은 대량관광에서 벗어나 소규모 위주의 신관광형태가 나타난 것이 특징이라고 할 수 있다.

산업혁명 이후 과학의 비약적 발전으로 인간은 물질적 풍요와 편리함을 만끽하게 되었다.

즉, 산업사회의 발달과정에서 특징으로 나타나는 여가소비활동의 증대와 노동시간의 단축, 자유재량시간의 확대, 기업의 여가관리제도의 도입, 의식구조의 변화가 생겨나기 시작하였다. 이러한 측면에서 볼 때, 현대사회의 특징은 세 가지로 대별해 볼 수 있다.

(1) 공업화

공업화는 기계의 힘을 이용한 생산 과정의 변화를 의미하며, 이러한 생산과정을 효율적으로 관리하기 위한 합리적 조직체인 관료제도가 도입되면서, 현대산업사회에서는 기술지배(technocracy) 현상과 이를 뒷받침해 주는 관료제(bureaucracy)가 나타나게 되었다.

(2) 대중화

현대 사회는 대중화된 사회로 대중은 과거의 일방적인 피지배자의 지위에서 벗어나 생산의 주체이며 소비의 주인공으로서 경제적 지위의 향상 뿐만 아니라 근로, 교육, 후생 등 생활권을 보장받음으로써 사회적 지위도 크게 향상되었다. 동시에 생산과 소비를 연결해 주는 매스커뮤니케이션이 발달함에 따라 대중의 문화적 생활이 보편화되었다.

(3) 정보화

정보화는 재화의 생산으로부터 정보중심의 생산으로 변화하는 현상을 의미하며, 이러한 정보축적으로 인하여, 생활수준의 향상과 편리함을 가져왔다. 또한 정보의 생산이나 처리 기술이 급속도로 발전함에 따라 사회전반의 능률과 생산성도 높아지게 됨으로써 상대적으로 노동시간의 감축과 여가활동에 대한 다양한 정보를 획득함으로써 그 활용가치를 더해가고 있다. 이와 같은 대중화 사회의 특징도 사회가 풍요롭고 복잡해짐에 따라서 종래의 대량 생산 및 소비사회에서 획일화되고 규격화되었던 현상들은 이제 잘 받아들여지지 않고 있다. 모든 근로자들은 같은 시간에 잠자리에서 일어나 일터에 나가서 일상적으로 판에 박힌 일을 해 왔으나, 이제부터는 변화를 원하고 다양성을 기대한다는 것이다. 그러므로 개인의 선택이 존중되고, 자기발전을 위한 기회나 개인의 자유를 더욱 바라게 되었다.

2 현대관광의 발전행태

현대사회는 가처분 소득의 증대, 여가시간의 증대, 가치관의 변화 그리고 정보의 발달로 인하여 관광수요에 있어서의 양적, 질적인 변화를 가져왔다. 정치, 경제, 사회문화, 그리고 법률적 환경과 같은 관광에 영향을 미치는 요소들의 변화, 그리고 관광사업 경영의 기술적인 진보로 인하여 대중관광의 시대를 맞이하고 있다. 또한 관광을 통한 상호교류로 국가간의 갈등의 해소 및 국제평화에 기여하게 되었다.

그리고 더 나아가 자국민의 복지증진의 수단으로 저소득층과 소외계층을 대상으로 관광 참여의 기회를 제공하게 되는데, 이를 사회적 관광(social tourism)이라고 한다. 현대관광의 발전방향을 살펴보면 다음과 같다.

(1) 새로운 관광과 포스트모던

1970년대에 선진제국의 사회구조는 대중관광을 잉태한 대중소비사회에서 탈공업사회로 일제히 이전하게 된다. 그러나 남북문제와 환경문제가 심각해지자 근대사회가 지니는 한계와 폐해에 대한 논의가 시작되었고, 그 중 하나가 바로 포스트모던론이었다. 포스트모던론은 근대사회를 엄하게 진단하고 고발하였지만, 그 실상을 정확하고 구체적으로 제시하지는 못하였다는 지적을 받고 있다.

여기서 포스트모던을 탐구하는 실천방안으로서 새로운 관광에 주목할 필요가 있다. 예를 들어 에스닉 투어리즘(ethnic tourism)이나 에코 투어리즘(eco tourism)은 각각 남북문제나 환경문제에 대한 관광의 변혁적 대응으로 볼 수 있으며, 이러한 실천적 대응은 근대문제를 해결하고 포스트모던을 탐구하는 하나의 계기가 될 수 있으리라 생각되어진다.

(2) 포스트모던과 현대관광의 의미

포스트모던은 이제 뿌리를 조금씩 내리고 있는 우리들의 미래상이며 이와 관련한 관광의 역사를 짚어보는 일은 매우 뜻깊은 일이라 할 수 있을 것이다. 따라서 마지막으로 포스트모던 사회와 관광과의 관계에 대해 살펴보기로 한다.

포스트모던사회가 근대사회가 안고 있는 제반 문제를 극복하여 만들어지는 사회라고 한다면, 그것은 다양한 이질적인 요소가 조화를 이루고 공생한다는 이미지를 가지게 되는 것이다. 이러한 이미지와 관광과의 공통점이 바로 '교류에 의한 창조'인 것이다. 관광에는 이질적인 문화적 · 사회적 배경을 지니는 호스트(관광지 주민)와 게스트(관광객), 혹은 게스트와 자연과의 접촉에서 새로운 문화나 형태가 창출될 가능성이 있으며, 이러한 '교류에 의한 창조'의 실천이야말로 새로운 관광의 실천과 연결되는 것이다.

이렇게 하여 현대관광은 여행의 전통적인 교육적 의미를 지금까지 계승하고 있는 근대의 산물인 동시에 포스트모던으로 가는 매개역할을 하는 사회현상으로 볼 수 있는 것이다. 여기에 현대관광이 지니는 의미를 찾을 수 있으며, 근대에서 탈근대, 다시 말해 모던에서 포스트모던시대로 전환할 때, 현대관광은 절대 간과할 수 없는 하나의 사회현상인 것이다.

현대에 들어와 관광이 급격하게 발전할 수 있게 된 원인은 수송수단의 급격한 증가, 즉 대량수송수단(특히 항공기)과 개인소유의 교통수단의 발달 및 보급, 국민의 가처분소득 증가, 여가시간의 증가, 대중매체의 발달에 따른 정보전달체계의 확립, 도시생활의 심화로 인한 자연에 대한 동경과 도시문제와 과도한 경쟁 등 다양한 원인에 의한 스트레스 증가 등을 거론할 수 있다. 이런 사회적 상황은 시간이 지나고 사회가 고도산업사회에 접어듦에 따라 그 정도가 더욱 심화될 것으로 예상되고, 그에 따라 관광현상은 양적으로나 질적으로 계속 확대될 것으로 판단된다.

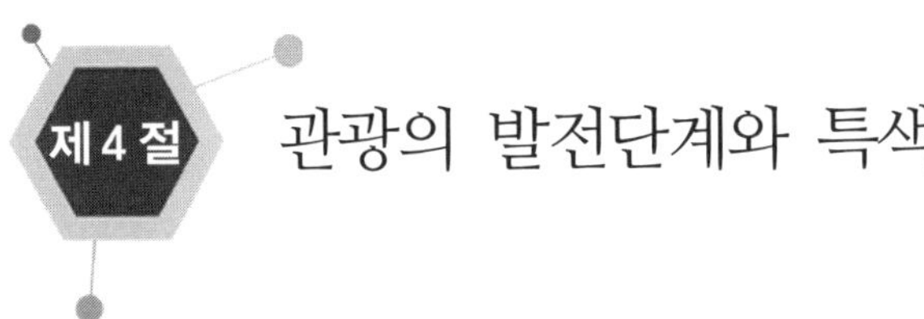

제 4 절 관광의 발전단계와 특색

1 여행의 시대

여행(Tour)의 시대는 고대 그리스와 로마 시대로부터 1830년도까지로 귀족과 승려, 기사 등이 속하는 특수계층의 종교 및 신앙심을 향상시키기 위한 교회중심의 개인활동으로서 관광사업의 형태는 자연발생적인 특징을 들 수 있다. 따라서 이 시기는 원시적인 관광사업의 시대라 할 수 있겠다.

2 관광의 시대

근대의 관광(Tourism)은 고대, 중세의 것과는 달리 종교적 동기보다는 지식욕이나 호기심이 주된 동기가 되었다. 중세처럼 교회가 여행단체를 조직하고 신앙심의 향상을 노려서 성지순례를 행한 것과는 달리, 근대의 관광은 토마스 쿡처럼 소위 여행업자가 영리를 목적으로 단체여행을 추진하였다는 데 그 차이가 있다.

학자에 따라서는 'tourism'이라는 용어를 개별적인 'tour'와 구별하여 역동적이고 집단적인 사회현상이라고 보는 이가 있는데, 이러한 관점에서 토마스 쿡 이전의 관광시대를 'tour'의 시대, 이후 시대를 'tourism'의 시대라고 부르고 있다.

관광(Tourism)의 시대는 서비스를 통하여 관광사업의 토대를 마련한 시기로서 1840년대부터 2차세계대전 이전까지로 분류된다.

3 대중관광 · 복지관광 · 국민관광의 시대

철도와 선박만이 교통수단이었던 이전에 비하여 2차 세계대전 후에는 민간항공, 관광용 대형버스, 자가용 자동차, 렌터카 등이 등장하였다. 기존의 교통기관도 설비와 능력이 대폭 개량되고 대량수송의 조건이 갖추어져, 빠르고 안락하고 저렴한 해외여행이 가능해졌다. 또한 매스미디어의 발달은 사람들에게 미지의 세계에 관한 정보를 알려주었다. 한편 도시로의 인구집중과 도시생활의 긴장고조 및 인간성 상실, 그리고 공해문제가 나타나 인간의 자연에로의 도피욕구를 자극하게 되었다.

대중관광(Mass tourism)의 시대는 제2차세계대전 이후 현대에 이르는 대중관광, 대형관광시대를 가리킨다. 사업적인 측면에서 보면, 이 시기는 조직적이고 대규모적인 관광사업의 시대이다. 관광은 중산층 서민대중을 포함하는 전 국민 전 계층이 여가선용과 자기창조의 활동으로 폭넓은 동기에 의하여 이루어지는 사회현상으로 받아들여는 시대이다. 기업은 물론 공공단체나 국가가 적극 지원하므로 이윤의 추구와 동시에 국민복지 증진이라는 공공목적의 조화를 이상으로 하여, 영리성과 공익성을 동시에 충족하는 종합관광형태를 갖추게 되었다. 국민대중의 여행시대에 들어선 현대국가는 재정적으로 빈약한 계층을 위한 특별한 지원을 목적으로 이루어진 유럽의 소셜 투어리즘(social tourism)운동의 이념을 확산, 수용하였다. 즉 관광이 지니는 국내적 국민복지의 증대와 지역개발의 촉진은 물론 경제, 사회, 문화적 의의를 새롭게 하고 적극적인 관광정책을 추진하기에 이르렀다.

이러한 복지관광의 실현 측면에서, 건전한 여가활동을 위한 휴식공간 제공 등 국가 및 사회적인 필요성으로 인해 저소득층, 소외계층의 관광활동을 지원하는 관광정책이 많은 국가에서 시행되고 있다. 또한 관광활동을 국민의 기본권으로 인식하는 경향이 늘고 있다. 따라서 국민숙사, 관광금고, 유스호스텔 등의 용어가 생기고, 국민 모두가 관광에 참여할 수 있는 기회가 주어지고 생활화되어 대중적으로 참여하게 되는 국민관광(National Tourism)의 붐이 일어나게 되며 국민관광 관련시설이 늘어나고 있다.

4 신관광의 시대

마지막으로, 다품종 소량생산의 신관광(New Tourism)시대로서, 이제 전 세계 인구의 10%가 국제관광에 참여하고 있고 국내관광에는 90% 이상이 참여하고 있는 대중관광시대인 셈이다. 관광이 생활화되고 그것이 하나의 문화로서 내면화됨에 따라, 이러한 관광에서도 질적인 전환이 요구되어 관광의 다양화, 개성화로 이어지고 있다. 당연히 합리성과 기능성을 중시하던 근대사회를 벗어나 포스트 모더니티(post modernity)사회라 부르는 현재, 관광부문에 있어서도 탈기능과 탈획일로 이어져 개성관광을 중요시하게 되었다.

이러한 시대적인 흐름을 반영하여 관광경험이 풍부하고 관광을 통한 자기표현을 추구하는 개성이 강한 계층이 주도하는 새로운 흐름의 관광형태가 등장하였다.

관광사업적인 측면에서도 오랫동안 지배해 왔던 이윤추구방식인 대량생산에 의해 가능하게 된 박리다매방식에서 이제는 소품종 대량생산에서 다품종 소량생산이라는 이념으로 바뀌고 있음을 볼 수 있다.

이와 같이 탈대중관광시대를 신관광시대라고도 명명하는데, 신관광시대의 특징은 관광의 다양성과 개성추구에 따라 특별관심관광(Special Interest tourism)이 많이 생긴다는 것이다. 종래의 본능적인 욕구충족의 해결로 보았던 관광이 이제는 전형적으로 어떤 특수한 주제관광으로서 특별관심관광의 형태로 흐르고 있으며 이와 함께 문화관광을 비롯하여 종교관광, 민족관광, 생태관광, 요양관광 등보다 차원이 높으면서도 다양한 형태의 관광을 추구하게 되었다.

〈표 3-2〉는 관광의 발전단계를 나타낸 것이다.

표 3-2 관광의 발전단계

단계구분	시 기	관광자층	관광동기	조직자	조직동기	관광구조
여행(tour)의 시대	고대부터 1830년대 말까지	귀족, 승려, 기사 등의 특권계급과 일부의평민	신앙심	교회	신앙심의 향상	2요소 (관광주체, 관광객체)
관광 (tourism)의 시대	1840년대 초부터 2차 세계대전까지	특권계급과 일부의 평민(부르조아)	지식욕	기업	이윤의 추구	3요소 (관광주체, 관광객체, 관광매체)
대중관광 (mass tourism)의 시대(social tourism)	2차세계대전 이후 현재까지	대중을 포함한 전국민	보양과 오락	기업·공공단체·국가	이윤의 추구와 국민후생의 증대	정책의 필요성 부각
신관광(new tourism)의 시대	1990년대 이후	일반대중과 전국민	관광의 생활화	개인·가족	개성추구 특별한 주제나 문제해결	정보의 중요성 부각

제 4 장

관광의 효과와 영향

관광의 영향은 관광개발로 인해 관광자가 관광활동을 함으로써 발생하는 결과적 요소(consequential element)로 정치적 영향, 경제적 영향, 사회·문화적 영향, 환경적 영향 등으로 구분할 수 있으며, 관광자와 목적지 및 지역주민의 특성 등이 주요인으로 작용, 그 영향은 상황에 따라 긍정적일 수도 있고 부정적일 수도 있다.

관광의 영향은 일률적인 것이 아니라 각 관광지의 정치적인 상황, 경제적 조건, 사회·문화적 조건, 환경적 조건 등에 따라 상이하게 나타난다. 그러므로 관광의 영향평가에서는 비교연구와 세분화가 필요하며, 비용 편익분석(cost benefit analysis)에 근거한 양자의 균형적인 접근이 요망된다.

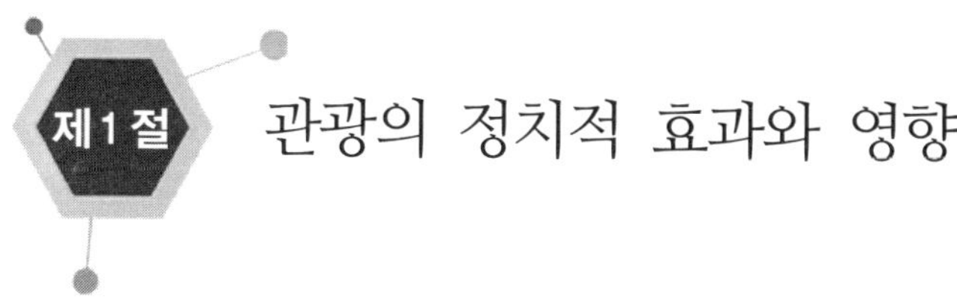

관광의 정치적 효과와 영향

관광은 특정이념의 정치적 형태에 영향을 미친다. 관광은 비교의 대상이 되기도 하고, 비판과 선호의 대상이 되기도 하며 사회와 그 나라의 정치형태에 영향을 미치는 역할을 할 것이다. 이는 특정 이미지로 승화되어 호감을 갖게 되고, 곧 선호관광목적지로 이어진다. 관광은 사회의 정치적 입지를 약화시킬 수 있고, 경우에 따라서는 강화시켜서 그 변화와 수정을 유도할 수 있는 것이다.

1 긍정적 효과·영향

(1) 국제적 평화유지

국제관광은 일상생활로부터 벗어나 자국에서 체험할 수 없는 즐거움을 누리기 위한 이동행위라 할 수 있다. 인간은 공간적 이동의 욕구를 지니고 있을 뿐 아니라 본능적으로 안전의 욕구를 지니고 있기 때문에 국제사회의 평화유지가 전제되어야 한다. 국제 평화유지는 국제관광자 증가와 관광산업의 발전에 기여할 수 있으며, 관광산업은 국가의 기간산업 또는 미래지향 산업이 될 수 있다. 예를 들어, 과거 공산주의 국가이던 중국은 최근에는 탈공산주의화되었고, 이에 따라 한국의 중국관광과 중국의 한국관광이 자유로워진 것이다.

(2) 국가 간 정치적 협력관계의 유지

국가 간 긴밀한 협력관계, 새로운 국교수립, 군사적 협력 관계 등 정치적 협력관계는 관광 송출국과 관광 목적국 사이의 직접적인 협력관계 뿐만 아니라 관광 송출국 내지 관광목적국과 제3국과의 간접적 관계도 포함한다. 관계가 소홀했던 국가와의 관계개선을 위해, 또는 적극적인 외교정책의 한 수단으로서 관광을 통한 국민적 교류가 활발히 논의되기도 하는데, 이러한 측면에서의 관광은 외교정책의 유효한 수단이 될 수 있다.

예를 들어 유럽 공동체(European Communities)의 특정회원국과 정치적 협력관계에 있는 국가는 기타 EC 회원국과 간접적인 협력관계를 형성하게 된다. 한편 국가 간 정치적 관계는 상대적 관계에 따라 변화하기도 한다. 유럽공동체의 재무, 법령의 통일화가 항공자유화 추진 등 긴밀한 협력관계는 국제관광자에 대한 편의증진과 관광산업부문의 상호협력을 수반하여 국제관광부문의 발전요인으로 작용한다.

(3) 국가 간 관광부문의 협력관계 유지

국가 간 관광부문의 협력은 국제관광의 발전을 위해 정부 간 협력뿐만 아니라 민간부문의 협력관계도 포함하며, 국가와 민족간의 이해와 국제적인 협동을 증진시킬 수 있는 중요한 수단이 될 수 있다. 곧 각국 정부의 국가단위 관광협정의 체결, 무사증협정, 국제관광기구와 교류, 협력, 기타 관광자 편의 증진을 위한 협력 등 정부부문의 협력관계와 각국의 관광 기업 간 정보교환, 공동투자와 같은 민간부문 협력의 정도가 국제관광에 미치는 영향이 크다.

(4) 상호협력의 항공운송협정 체결

항공운송의 발달은 종래 불편한 교통수단에서 발생하는 인적교류의 장애를 극복하고 관광자의 이동공간과 규모를 확대시키는 등 국제관광에 있어 그 역할이 크다. 항공운송에 대한 각국 간 협정은 항공노선 개설, 이 · 취항 항공사의 수, 수송력의 결정, 운임결정 등 각국 간 정부차원의 모든 협정으로서 항공운송 운영에 관한 각국의 협정이 상호협력을 전제로 하여 체결된 경우 국제관광의 발전요인으로 작용한다.

2 부정적 효과 · 영향

(1) 전쟁, 테러로 인한 국제질서의 파괴

국제관광은 국제 질서가 전쟁, 테러 등으로 무너지면 국제관광은 감소한다. 양차 대전 이후 커다란 전쟁 없이 국제질서가 평화의 방향으로 진행됨에 따라 국제관광은 발전할 수 있었으며, 반면 중동지역의 장기적인 국지전과 1990년 전면전 발발로 이 지역의 국제관광이 세계관광시장에서 낮은 점유율을 보이고 있다. 이 지역의 분쟁이 국제관광의 장애요인으로 작용한 예라고 하겠다.

(2) 국가 간 정치적 협력관계의 단절

국제사회는 하나의 체제로 인식할 때 체제 내 상호작용에 따라 새로운 관계를 형성하기도 하고, 기존의 관계에 변화를 초래하기도 한다. 따라서 국제사회체제 내에서 국가 간 정치적 협력관계 여부는 상대적 관계로 나타난다. 이러한 예로 1992년 한국과 중국사이의 국교수립으로 대만과 국교가 단절됨에 따라 대만 관광자의 입국이 현저히 감소함으로써 양국 간 국제관광의 장애요인으로 작용하였다.

(3) 국가 간 관광부문의 협력관계 저해

관광은 나라간, 민족간의 이해와 국제적인 협력관계가 잘못되어 서로 정치적으로 적대적인 관계가 되는 경우도 있다. 다른 나라를 여행할 때에는 그 나라의 정치적이나 문화적 등 여러 가지 성격들을 파악하고 여행하는 것이 필요하나.

한편, 관광기업에 대한 외국인투자의 허가여부도 국제관광에 영향을 미친다. 예를 들어, 한국의 관광숙박업에 대한 외국인투자는 1970년대부터 허용하고 있으나, 여행업, 골프장업, 종합휴양업 등에 대한 투자는 '외국인투자인가지침'(재무부 고시 제98-12호)에 따라 제한되어 왔다. 국가 간 관광부문의 협력관계가 원활히 이루어지지 못할 경우 국제관광의 장애요인으로 작용한다.

(4) 힘의 원리에 의한 불평등한 항공운송협정 체결

항공 산업이 각국의 경제에서 차지하는 역할의 중요성에 따라 민간차원의 협의형식보다는 국제사회의 정치적 역학관계에 의한 항공협정형태를 취하고 있다. 따라서 항공운송 운영에 관한 각국의 협정이 상호협력이 아닌 힘의 원리에 따라 불평등하게 체결된 경우에 관광목적국과 수용국간의 관광자 이동을 인위적으로 제한하는 결과를 가져온다.

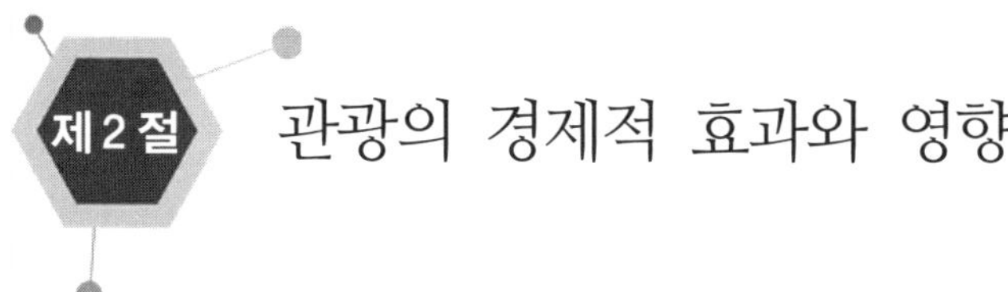

제2절 관광의 경제적 효과와 영향

경제적인 측면에서의 관광의 효과는 사회적·문화적 효과보다 국가 경제적인 측면에서의 영향은 실로 크다. 경제적인 효과가 가장 중요시되는 이유는 한 국가에 경제적인 부를 가져온다는 점에서 상당히 큰 비중을 두게 되며, 이 같은 부는 관광객으로부터의 총수입과 국가소득(national income)간의 상관관계, 국가수지균형에 영향을 주기 때문이다. 또한, 국가 경제 활동에 있어서 경제상태의 척도로서의 역할을 하기 때문이다. 관광사업의 발전은 경제적인 편익의 제공뿐만 아니라, 부정적인 영향도 함께 초래한다.

1 긍정적 효과·영향

(1) 수출증대와 국제수지 개선

관광객의 방문은 무형재인 관광상품의 수출을 의미하므로 관광사업의 발전은 수출의 증대를 가져오게 된다. 일반재화의 수출이나 관광은 국내경기나 환율의 변동과 밀접한 관련이 있는데 일반적으로 경기가 좋아지게 되면 일반 재화의 수입과 해외로의 관광객 수가 늘어나게 되며, 반면 경기가 약화되면 수입과 해외로의 관광이 줄어들게 된다.

또한 관광은 국제수지 개선에 기여하게 된다. 즉 국제수지가 악화되면 외국관광객의 방문은 늘고 해외여행은 줄게 되므로 관광수지가 호전되어 국제수지를 증가시킨다. 반면, 국제수지가 흑자상태가 되면 해외여행이 증가하게 되어 관광수지가 악화되게 됨으로써 국제수지의 불균형을 개선시켜 주어

언제나 국제수지의 균형을 유지시키는 쪽으로 작용하게 되는 것이다.

(2) 외화획득 및 국민소득의 창출효과

관광의 경제적 효과로서 국민소득 창출효과란 관광객의 지출이 한 나라의 국민경제에 주입요인이 되어 일정기간 동안 한 나라의 국민이 생산한 최종생산물의 가치를 증가시키는 현상 또는 그 결과를 의미한다.

관광으로 인한 국민소득의 창출효과는 관광활동으로부터 창출되며 일련의 관광상품과 서비스(용역)이며, 이에 대한 수요와 소비가 발생됨으로써 생산과 소득에 순환적인 영향을 미치게 된다. 그러므로 관광에서 유발되는 국민생산 및 소득의 효과는 순환생산 및 소득효과, 승수효과, 그리고 외화 가득율로 설명할 수 있다.

(3) 재정수입의 증대효과

재정수입이란 국가, 공공단체의 공공재 공급 및 이전지출을 행하기 위한 재원으로서 정부가 조달하는 화폐를 말한다. 외래 관광객에 의한 숙박비, 식음료비, 유흥오락비, 기념품 구입비, 관광교통비 등의 지출은 관광목적지의 기업매출과 이윤을 증대시키고 조세수입을 증대시키는 원천이 된다. 또한 외래 관광객이 관광목적지에서 공공재를 이용할 때 지불하는 사용료는 관광목적지의 재정수입이 된다.

(4) 고용창출의 효과

관광산업은 특성상 서비스 지향적인 산업이기 때문에 타산업에 비하여 높은 고용기회를 부여한다. 따라서 관광산업은 노동집약적인 산업이라고 부른다. 이러한 특성으로 인하여 타산업보다도 더 많은 일자리를 필요로 하게 된다. 뿐만 아니라 관광산업의 발전은 또 다른 산업발전에 기여하게 됨으로 새로운 고용을 창출하게 된다. 이렇게 볼 때 관광산업이 발전함으로써 나타나는 고용효과는 직접고용, 간접고용, 유발고용의 효과로 나누어 나타날 수 있다. 예를 들어, 정선 카지노 개발은 지역의 직원채용을 증가시켰으며, 방문객을 위한 다양한 분야의 산업을 낳았다.

(5) 천연자원의 절약

관광산업은 개발과정 외에는 직접적으로 자원을 손상시키는 경우가 드물 뿐만 아니라 1, 2차 산업처럼 공해를 초래하지 않는 무공해산업이며, 자원을 주로 경관 자원으로 활용하기 때문에 자원이 소모되거나 상실되지 않은 자원절약산업이기도 하다.

미래지향적인 산업이란 자원소모산업보다는 자원절약산업이고, 관광산업은 이에 잘 부응되는 산업이라고 할 수 있다.

(6) 조세수입의 증대

관광산업의 발전은 국가나 지역의 세원확보에도 기여하게 된다. 외래 관광객들이 방문하여 지불하는 숙식비, 유흥비, 기념품 구입비 및 관광교통비 등에 부과되는 각종 세금은 곧 중요한 재정 수입원이 된다. 이처럼 조세수입이 늘어나게 되면 그것은 곧 공공자금의 확보로 이어지게 되므로 투자를 위한 재원확보가 용이해 지는 것이다.

(7) 지역경제의 개발과 촉진

관광객의 관광소비증대와 관광객의 유입이 증대하면 이의 수용을 위한 관광개발도 활발히 추진됨으로써 그에 따른 토지와 노동력 및 자재의 수요도 함께 증대된다. 뿐만 아니라 새로운 대규모의 자본투자가 이루어져 지역 관련산업이 번창하게 되고 지역주민의 취업기회도 확대된다. 그리하면 지역주민의 소득도 향상되고 타지역에로의 인구방출이 억제되며 교통의 편리성을 보장해 주게 됨에 따라 지역경제 발전이 이루어진다. 예를 들어, 정선 탄광촌은 하이랜드의 개발로 지역경제가 활성화되었다.

(8) 국가 간, 지역 간 교역의 확대로 불균형한 경제구조 개선

관광현상은 인간의 지역 간 이동을 바탕으로 이루어진다. 따라서 관광산업의 발전은 인간의 이동을 통하여 지역 간의 이해를 증진시키고 경제적, 문화적 교류를 증대시키는 효과를 가져온다. 뿐만 아니라 관광사업에 필요한 다양한 재화와 서비스의 교류가 이루어지는데, 우선 직접관광객들에게 제공되는 제품과 서비스의 유입이 필요하고, 다음으로 재화의 경우 이들 재화를 생산하기 위한 원재료의 교역이 이루어지게 된다.

(9) 외부자본의 유치

관광의 발전은 그 나라의 경제성장단계와 밀접한 관련이 있는데 성장초기단계에는 자연자원의 훼손이 거의 없으므로 주로 자연자원을 바탕으로 한 관광개발이 이루어진다. 그런데 성장초기에 있는 국가나 지역의 산업이 발전하는 데는 개발을 위한 재원이 문제가 된다. 산업적으로 낙후된 국가나 지역은 특정산업을 육성하기 위한 자금이 부족한 문제를 해결하기 위해서 민간자본의 유치가 필요하게 된다. 그러나 낙후된 국가나 지역의 자체자본 능력은 공공자금이건 민간자본이건 필요한 대규모 투자비용을 자체조달하기가 쉽지 않다.

결국 경제성장 초기단계에서는 경제활성화를 위한 자금을 외부자본에 의존하게 된다. 관광사업은 그 사업성과 경제성으로 인하여 외부민간자본의 투자를 유도하는 역할을 수행하는데 적합한 주요한 사업 중의 하나로서 국가나 지역사회 발전을 위한 초석이 된다. 예를 들어, 캄보디아 앙코르와트 관광지는 선진국의 외부자본에 의하여 개발될 수밖에 없었다.

(10) 편중된 부의 분배문제 해결

현대의 경제정책에서는 편중된 부를 강제적인 재분배보다는 새로운 부의 창출, 즉 새로운 산업의 도입을 통하여 경제전체의 성장을 도모하고 이 과정에서 신흥부유층을 만들어 나가는 방법이 바람직한 것으로 받아들여지고 있다. 이러한 관점에서 관광은 강력하고 유용한 도구로서 활용되어 왔다. 예를 들어, 관광지의 수입은 그 지역주민에게 부를 가져와 가정경제에 도움을 줌으로써 부의 재분배 역할을 한다.

(11) 국내산업의 진흥과 관광수공예업의 발전

관광에 수반되는 직·간접적인 서비스의 수요증대로 광범위한 분야에서 관광투자와 소비가 이루어짐으로써 새로운 물자수요가 발생되고 이는 국내산업의 모든 분야에 자극을 준다.

관광의 특성상 그 경제구성은 다종다양한 산업으로 이루어지므로 관광과 관련되는 산업, 예컨대 여행용품 제조업과 판매업 그리고 교통운송업 등에도 직접적으로 수익을 발생시키며 또 이익배분도 이루어진다.

2 부정적 효과·영향

(1) 물가상승

관광의 부정적인 경제적 영향 중의 하나가 물가상승이다. 관광객들이 현지에서 생산, 조달할 수 없는 상품과 용역에 대한 수요가 증가하면 부득이 비싼 가격을 지불해서라도 외국과 외지에서 이를 수입하거나 구매해서 제공할 수밖에 없다. 이러한 현상은 해당 지역에 물가상승을 부채질하게 된다. 그 결과, 현지주민들도 생활필수품과 용역의 구매에 많은 돈을 지불해야 하는 입장에 처하게 된다. 특히 관광개발 시에는 지가상승으로 인해 해당지역 주민들은 토지매매가 이루어지지 않은 상태에서 많은 재산세를 납부해야 하는 등 비용부담이 증가된다.

(2) 경제적 불안정 야기

관광여행은 생존에 필수적이라기보다는 생활의 질을 향상시키는 것이기 때문에 물가상승과 소득수준의 영향을 많이 받는다. 따라서 관광소비에 크게 의존하는 관광지의 지역경제는 급격한 성장과 완만한 성장을 동시에 경험하게 되며, 어떤 경우에는 침체현상을 맞게 되는 불안정성에 처하기도 한다. 예를 들어, 지역주민들의 경제생활은 경기변동에 따라 관광객 유입이 다르기 때문에 불안정할 수가 있다.

(3) 계절적 수요의 편재성

대부분의 관광지는 계절적이어서 많은 환대시설들이 비수기에는 패쇄 되지만, 이러한 시설을 구축하는 데는 많은 자본이 소요된다. 따라서 소요자본에 대한 이자명목으로 지불되는 지출은 이와 같이 건설에 투하된 자본 때문에 높아질 수밖에 없고 이자 또한 고정적이어서 계절적 수요와 편재성으로 인해 사업자는 단기간에 이윤을 창출해내야 하는 부담을 항상 안고 있다.

(4) 공공서비스 등 사회비용의 증대

관광은 관광기업에 취업을 위해 유입된 근로자의 자녀를 위한 교육기관의 건설, 관광객들이 버린 쓰레기의 수거, 오수처리시설의 마련, 치안과 소방시설의 준비를 위한 투자 등 간접적인 비용을 증가시킨다. 관광의 발전이 그 지역이나 국가의 총사회비용을 증가시키는 결과를 초래하는 것은 부인할 수 없다.

(5) 기회비용의 증대

정부가 관광개발을 장려할 경우 이에 소요될 자금 부족분을 지원해야 하는데, 이때에는 보다 더 생산성이 높은 분야에 활용될 수 있는 투자기회를 포기해야 할 때가 허다할 것이므로 기회비용을 증대시키게 된다. 따라서 우리나라와 같이 관광개발이 더욱 광역적으로 확대, 실시되어야 하는 입장에서 보면 정부와 지방행정으로부터의 관광개발을 위한 투자집행은 여타 경제부분의 희생 위에서 이루어지고 있음을 인식해야 한다. 예를 들어, 평창올림픽의 개발을 위한 예산투입은 상대적으로 타산업의 투자에 부정적으로 나타낼 것이다.

(6) 관광에 대한 지나친 의존과 종속관계

특정 산업에 한 나라의 경제가 지나치게 의존할 경우에 발생하는 경제적 속국화 현상이다. 대부분의 이러한 유형의 국가들은 소수의 관광객 송출국에 의존하는 경향을 보이고 있는데, 이 경우 주요 송출국의 경제상황의 악화나 양국의 외교관계 약화 등 예기치 못한 정치적, 경제적 상황이 발생 하였을 때 관광객 수가 급감하여 관광수급상태가 원활하지 못하거나 심한 타격을 받을 수 있다.

이러한 현상은 한 나라 경제의 관광에 대한 의존도가 높을수록 그리고 관광교역국(특히 송출국)의 수가 적을수록 심화되는 경향이 있다. 따라서 가능한 관광교역국의 폭을 넓히는 것이 중요하다. 예를 들어, 최근 우리나라는 중국관광객이 넘쳐나고 있다. 만약 중국의 불경기가 발생하면 우리나라의 관광객도 줄어들 것이다. 다양한 국가에서 관광객이 유입될 수 있도록 노력해야 할 것이다.

(7) 외화의 유출

관광개발 초기에는 대부분의 국가나 지역이 지역자본의 부족으로 외부자본에 의존하게 된다. 이를 위하여 외부투자자들에게 여러 가지 유리한 투자조건들을 제시하게 된다. 이에 따라 지역외의 많은 사업체들이 그 지역의 관광 사업에 뛰어들게 되고 지역의 관광산업은 발전하게 되지만 발생하는 수입의 상당부분은 외부로 유출되는 결과를 초래한다. 예를 들어, 미얀마는 선진국의 외화에 의하여 골프장을 개발한다. 골프장 수입은 투자한 선진국으로 유출될 것이다.

(8) 토지투기 조성

관광붐이 일어남에 따라 주변 토지가격 상승으로 인해 부동산투기가 조성되고 주민의 대부분이 희생을 당하고 일부 주민이나 개발업자 같은 소수만이 부를 축적하게 된다.

관광산업의 성장은 토지에 대한 추가적인 수요를 발생시킨다. 잠재적 구매자로부터의 경쟁은 토지가격을 상승시키기도 한다. 더 많은 관광시설에 대한 수요는 건축업자, 부동산업자, 토지 소유주에게는 소득의 원천이 될지 모르나 지역주민들은 토지가치의 상승 때문에 세금도 많아지고, 그들이 소유한 집에 대해서도 더 많은 세금을 부과하게 된다. 토지투기는 소규모 토지 소유자를 내몰게 되고 주택도 얻지 못하게 한다.

(9) 홍보 및 진흥 비용의 증대

타지역이나 해외에 관광목적지를 알리는 데에는 비상용적 비용이 든다. 일반적으로는 이 비용에 대한 인식이 부족하나 사실상 이에 드는 비용은 매우 크다고 하겠다. 이 비용은 관광업체 보다는 주로 국가기관에서 관광지의 이미지를 제고하는 데 투입되는 비용이다.

제 3 절 관광의 사회 · 문화적 효과와 영향

관광의 비경제적 효과를 총칭하여 관광의 사회 · 문화적 효과라 부르는데, 그것은 "인간의 정신활동에 미치는 영향"을 말한다. 매스 투어리즘(mass tourism)의 시대에 있어서 관광의 사회 · 문화적 효과는 경제적 효과 이상으로 주목되어지게 되었다. 사람과 지연과의 접촉, 사람과 사람과의 만남이라는 일들이 사람에게 미치는 영향은 매우 크다고 생각되고 있다.

1 긍정적 효과 · 영향

(1) 지역사회의 활기 부여

관광사업이 발전하게 되면 지역사회는 많은 방문객들로 붐비게 되며 다양한 사업이 발전하게 되고 새로운 주민들이 늘어나게 되고 각종 건축물이 들어서며 빠른 변화들을 보이게 된다. 다른 지역에 비해 상대적으로 침체상태에 빠져 있던 지역사회가 숨가쁜 변화를 보이며 활기에 차게 된다.

(2) 교육기회의 확대

유입주민의 증대를 수반하는 관광의 발전은 전체주민수를 급증하게 만들어, 많은 시설과 조직을 필요로 하게 된다. 주민수가 급증하면서 자녀를 위한 교육이나 사회교육과 같은 교육수요가 늘어나고 이에 따라 다양한 형태의 교육기관의 설립이 뒤따르게 된다. 따라서 과거에 비해 상대적으로 더 많은 교육의 기회가 주어진다.

(3) 교육적 효과

관광은 직접적인 체험을 통해 사물과 접할 수 있다는 점에서 많은 교육적 효과가 있다. 관광은 가장 효과적인 교육방법의 하나이다.

(4) 문화의 이해

관광을 통해 지역문화를 폭넓게 이해하면 관광이 부정적으로 미칠 사회·문화적 역행을 감소시킨다. 이는 관광객에게 미리 지역문화를 주지시킴으로써 가능하며 또 지역문화를 이해하는 데 도움이 된다.

문화를 이해하려는 노력은 궁극적으로 관광객과 관광지를 접목시키고 인간간의 사회적 연계성을 형성시키며 관광객과 지역주민간의 인간관계를 뚜렷이 구축하려는데 목적이 있다.

(5) 지역에 대한 자긍심 제고

지역의 관광이 발전하게 되면 지역의 인지도가 높아지게 되고 지역주민들은 관광사업에 종사하는 것과는 상관없이 그 지역의 주민이란 사실에 대해 자부심과 애향심이 고취된다.

(6) 여성의 지위향상(여성의 취업기회 확대)

관광사업은 많은 여성인력을 필요로 하며 여성들에게 새로운 취업의 기회를 제공한다. 이것은 여성에게 경제적, 사회적 자립능력을 부여하고 자립여건을 조성하게 된다. 뿐만 아니라 가치관이나 라이프스타일의 변화를 초래하여 여성의 사회적 지위개선이 이루어지고 남성과 동일한 대우를 받게 된다. 이 같은 여성취업기회의 확대는 여성들의 수입증대를 유도하여 긍정적 효과가 강조된다.

(7) 생활수준의 향상

외부로부터의 새로운 생활양식과 제품이 유입되고 경제적인 풍요를 누리면서 생활의 질적향상을 주민 스스로가 원한다. 한편 타지역의 방문객들로부터 일정수준의 서비스를 요구받게 됨으로써 생활수준이 높아지게 된다.

(8) 새로운 문화의 유입으로 문화적 활력소

한 민족의 문화는 그 사회가 공유하고 있고, 또 한 세대에서 다음 세대로 전해지는 신념, 가치, 태도 그리고 행동으로 구성된다. 문화는 일과 의상, 건축, 수공예, 역사, 언어, 종교, 교육, 전통, 여가활동, 예술, 민족의식 등으로 표현되는데, 관광은 다양한 방법으로 한 국가의 이러한 문화에 영향을 미친다.

긍적정인 측면에서 볼 때 새로운 문화의 유입은 기존문화와 만나면서 침체되고 정체되어 있던 기존의 문화에 새로운 활력을 불어넣게 된다. 그리하여 새로운 문화를 받아들이게 되고 문화의 융합이 일어나 수정된 문화의 창달을 가져오게 된다.

(9) 전통문화의 복원과 발전

자연적 관광자원을 바탕으로 한 관광개발이 한계에 이르게 된 유럽 등 관광선진국에서는 관광발전을 위하여 인문적 관광자원, 특히 문화적 관광자원에 눈을 돌리게 된다. 전통문화는 관광자원으로서의 가치가 높은 것으로 인정되고 있는데 그것은 차별성에 기인한다. 예를 들어, 이탈리아 유적지에서는 음악제를 개최한다. 이것이 문화적 관광자원의 형성이 되는 것이다.

(10) 지역간의 이해와 국제평화의 증진

국가간·지역간 교류를 통하여 서로 상대의 문화에 대하여 이해하고 인정하며 존중하게 된다. 이것은 궁극적으로 세계평화의 증진이라는 커다란 이상을 실현하는 밑거름이 된다.

(11) 위락적 · 레크리에이션 효과

관광을 통해 심신의 피로를 회복하고 활력을 증진시키며 기분전환을 함으로써 건강을 유지하고 생활의 의욕을 되찾을 수 있다.

2 부정적 효과 · 영향

(1) 사적지 등 문화적 유적지 훼손

오늘날 서구 국가들이 개발도상국 문화의 풍부함을 인정함으로써 이는 새로운 위협이 되고 있다. 박물관, 사적수집가, 부자들이 개발도상국들의 역사적 보물들을 자국으로 옮겨가는 심각한 문제가 야기되고 있다.

이러한 국민유산의 수탈은 몇 백 년 동안 식민지를 지배해 왔던 자들의 만행으로 피지배국에 많은 피해를 가져다주었다. 그런데 관광이 그것을 더욱 촉진하고 있다는 데 문제의 심각성이 있다.

(2) 전통문화의 상실

관광사업의 발전은 전통문화의 상실을 가져오는 경우가 있다. 관광사업의 발전은 기존의 전통적 문화를 기초하여 살아가던 지역주민들의 생활양식을 바꾸어 놓음으로써 전통문화의 뿌리를 흔들어 놓는다. 또한 지역의 전통공예나 예술이 상업주의에 밀려 과거의 전통적 방식이 사라지게 되는 결과를 초래하기도 한다.

(3) 문화의 지나친 상품화

문화의 상품화 개념은 관광개발과 발전으로 인한 일련의 파행적인 문화파괴현상을 의미한다. 관광은 관광지 주민들이 생산하고 그 속에서 살고 있는 사회의 문화를 판매하는 특수한 거래관계를 형성하게 된다. 주민문화는 어떤 형태로든 관광객들에게 판매되기 마련이다.

(4) 문화간의 마찰

이질적인 문화가 장기간 상호접촉하다 보면 교환과정에서 보다 강한 문화가 약한 문화를 지배하는 현상이 나타나므로 형평과 균형을 이루지 못하는 일이 발생한다. 이처럼 어떤 문화권에 외부로부터 강력한 문화가 진입하여 원래의 문화를 희석시킬 경우에는 거기에 반드시 문화의 마찰 또는 문화의 중층화 현상이 나타난다.

(5) 사회적 영향

관광은 토착주민과 이주민, 관광객간의 갈등현상이 벌어지게도 한다. 이들은 서로 다른 입장과 견해 그리고 서로 다른 문화를 가지고 있으므로 융화되기가 쉽지 않다. 서로 이해관계가 다른 집단들이 동일한 공간에서 만나게 되었을 때 서로 부딪치고 심지어 상대를 증오하여 테러를 가하기도 한다.

지역주민의 입장에서는 관광개발로 인하여 자신들의 조상 대대로 살아온 삶의 터전을 상실하게 되며 관광객 밀집과 새로운 이주민들의 유입으로 지나치게 혼잡을 초래하는 것이 못마땅할 수 있다. 또한 기존의 경제체제 속에서 만들어진 질서가 붕괴되고 새로운 신흥계급이 등장하게 되어 사회계층에 급격한 변화가 오게 되며, 새로운 문화의 유입으로 전통가치관이 붕괴되고, 수입의 증가로 사회 전반적으로 과소비 풍조가 유행하게 된다. 그 결과 집단 스트레스가 증가하여 이혼율과 범죄율이 급증한다.

(6) 언어의 변화

언어는 의사소통의 도구인 동시에 사회적, 문화적 변수의 일부분이다. 와그너는 '언어는 사회단위집단간, 집단구성원간 의사소통 및 행동양식에 결정적인 영향을 미친다. 사회적, 문화적 접촉의 차원에서 볼 때 그 지역의 고유언어를 사용하는 정도가 그 지역 문화강도와 원주민의 동질성을 나타내준다. 또한 언어의 변화는 관광자들에 의한 원주민의 태도와 행동의 변화정도를 나타낸다.

제 4 절 관광의 환경적 효과와 영향

관광과 환경의 관계는 깊고 복잡하며, 관광에 있어서 환경은 단지 제약요소가 아니라 자원이며 기회이다. 또한 관광자와 관광지 사이의 관계는 인간과 환경의 관계라고 할 수 있다. 한 지역의 성공적인 관광개발은 관광과 환경간의 관계를 어떻게 다루느냐에 달려 있다고 해도 과언이 아니다.

관광개발로 인하여 발생되는 환경적 영향은 관광개발의 정도나 유형에 따라 그리고 지역적 여건에 따라 다르게 나타나게 된다. 한 지역의 환경여건은 그 지역의 관광사업 발전에 중요한 영향을 미친다. 관광이 활성화됨에 따라 필연적으로 지역 환경에 다양한 형태로 영향을 미치게 된다.

1 긍정적 효과 · 영향

(1) 사적지 및 명소의 부흥

개발이 이루어지지 않은 사적지나 명소는 정비하고 복원하거나, 이미 관광지로서 어느 정도의 개발이 이루어져 있는 곳을 재정비를 통하여 관광대상물로서의 가치를 높이기도 한다. 이것은 관광대상물로서의 활용하기 위하여 이루어지는 것이지만 결과적으로 사적지나 명소를 부흥시키는 효과를 가져온다.

(2) 자연환경의 정비와 보전

관광객들을 유인하기 위해서는 관광대상의 정비가 필요하므로 이를 위해 자연경관을 정비하고, 공원을 조성하는 등의 활동이 이루어진다, 이러한 개발로 지역미관이 크게 개선되고, 자연환경이 정비되며, 관광자원의 보호에 대한 관심이 증대된다.

(3) 물리적 환경의 개선

관광을 용이하게 하기 위해 상 · 하수도, 전력, 통신, 도로망의 건설과 이의 확충이 이루어짐으로써 지역의 물리적 환경조건이 개선되고, 관광객들을 위한 관광시설과 공공시설의 건설로 방문자들은 물론 지역주민들도 그 시설을 이용하는 편익을 누린다.

(4) 환경에 대한 인식 증대

지역주민이 환경에 대해 흥미와 관심을 가지고 있지 않은 지역에서는 관광자가 자연에 대해 관심을 갖는 것이 지역주민에게 환경보전의 중요성을 일깨워 주는 계기가 된다.

(5) 환경의 질 개선

관광은 환경의 질을 유지하고 관광자에게 만족스러운 경험을 주기 위해 행정력의 도입과 계획적인 통제를 가한다. 적용되는 통제수단은 문제의 심각성에 따라 다양하다. 또한 광광은 대기, 수질, 소음, 오염, 쓰레기, 기타 환경문제의 통제를 통해서, 그리고 환경정화, 적절한 건물설계, 간판통제, 건물의 유지관리 등을 통해서 환경미의 개선에 동기를 제공한다.

(6) 유물의 보전과 관리

관광은 현존하는 역사적 유적지, 건축물, 기념물의 보전과 관리를 자극시킨다. 관광대상으로 각광받는 사적지나 명소들에는 편의시설이 추가되고 개선되며, 고고학적, 역사적 유적지의 보전을 위해 적극 투자함으로써 이들 지역이 퇴조하거나 사라지는 것을 막는데 일익을 담당한다.

(7) 환경의 고양

잘 설계된 관광시설의 개발은 농촌 및 도시경관을 고양시킬 수 있다.

(8) 하부구조의 개선

관광개발은 환경적 이익뿐만 아니라 하부구조의 개발, 즉 공항, 도로, 하수 및 상수, 쓰레기의 처리시스템, 통신 등을 촉진시켜 오염문제와 환경의 질 개선에 도움을 줄 수 있다.

2 부정적 효과 · 영향

(1) 관광공해의 발생

관광은 잘 보존되고 격리된 자연환경을 방문하는 행위라고 할 수 있다, 그러나 관광객을 수용하기 위한 물질적인 하부시설의 개발로 그 지역은 필연적으로 변형되고 무계획적이며 부적절한 개발과 관광지의 훼손, 그리고 수용력을 초과한 관광객 수용 등으로 인해 관광공해와 생태계의 변형, 그리고 경관의 파괴를 초래하게 된다. 예를 들어, 관광을 위하여 산을 파헤쳐 도로를 만드는 것은 동물들의 생태계에 위험을 초래하게 된다.

(2) 수용력 초과로 인한 환경의 질적 하락

수용력을 초과한 관광객 과밀현상은 혼잡도를 상승시켜 이용자들의 불만족을 초래하여 '관광경험의 질'을 하락시킨다. 과도한 방문객들의 내방은 지역민들의 생활여건을 침해하거나 간섭하게 되어 주민들이 관광객들에게 반항적 적대감정을 품게 된다. 이는 결국 지역민들의 생활환경의 질적 하락을 초래하게 되고, 더 나아가 관광환경파괴로 이어져 궁극적으로는 관광객들이 이 지역들의 방문을 외면함으로써 해당관광지를 황폐화시킨다.

(3) 생태계의 변화초래

과개발과 과이용에 따른 생태계의 변화는 야생동물의 먹이사슬을 변화시키거나, 서식처의 기능상실로 생식기능의 퇴화나 변형을 초래할 수 있다. 또한 관광객들의 관광편의를 위한 도로개설로 야생동물의 이동로를 차단 내지는 방해한다거나, 사진촬영으로 인한 번식행위의 방해, 자동차 배기가스로 인한 생태계의 교란 및 인위적 먹이공급으로 인한 비대성으로 번식력의 장애 초래, 그리고 기념품화를 위한 동·식물의 남획 등으로 생태계의 변화를 초래할 수가 있다.

(4) 폐기물의 증가

빈 깡통·휴지 등의 쓰레기, 소변 또는 여관 등에서 배출되는 음식찌꺼기나 오수 등의 폐기물의 증가는 호수나 늪 및 하천을 오염시켜 생활환경의 퇴락을 유발시켜 이른 처리하기 위한 공공기관의 재정을 압박하며, 결국 관광자원으로서의 가치를 떨어뜨리게 된다. 예를 들어, 부산 해운대의 여름쓰레기가 대표적인 예이다.

(5) 건축공해

아름다운 자연환경지역에 무계획적인 시설물개발은 주변과의 미적인 부조화를 초래하는 경우가 많다. 이런 실패는 결국 시설물에 대한 신뢰성 저하와 방문객들의 외면으로 경제적 불이익을 초래하게 된다.

(6) 천연자연자원 훼손 및 야생 동·식물의 밀렵

관광객들에게 판매하기 위한 진기한 기념품을 생산하기 위해 지역의 천연자원과 야생 동·식물의 불법채집과 밀렵으로 자원의 원형을 변형시키거나 그 종수의 감소 또는 멸종을 초래하게 된다.

(7) 교통문제와 소음공해

관광지에 관광자가 증가함에 따라 가장 두드러지게 나타나는 현상은 교통의 혼잡이다. 대부분의 관광지의 도로시설이나 주차시설은 급증하는 수요에 비해 절대적으로 부족한 실정이기 때문에 여기에서 여러 가지 문제가 발생한다. 교통량의 증가로 발생되는 문제는 단순히 교통의 혼잡에만 그치는 것이 아니라 대기오염, 소음공해는 물론 일상생활속의 지역주민이 교통시설을 이용하는 데에도 불편을 야기시킨다.

또한 일상생활을 떠난 관광자는 무엇이든 자유롭게 행할 수 있다는 생각에 무의식중에 부질서한 행동을 하게 되는데, 예를 들어 지역주민을 의식하지 않고 늦은 밤에도 확성기를 사용하거나 음악을 크게 트는 등 소음공해를 발생시킨다.

제 5 장

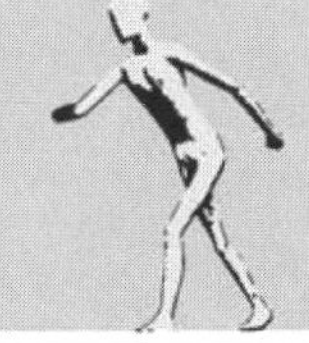

관광행동과 관광심리

관광욕구와 관광동기

1 관광욕구

(1) 관광욕구의 개념

욕구(needs)란 인간이 심리적으로 지닌 내적 결핍의 상태를 말하는 것으로, 인간의 행위는 이러한 욕구를 충족시키기 위해 나타난다고 할 수 있다. 욕구를 관광과 연결하는 하나의 예로는 인간은 행동에 옮길 수는 없지만 어떤 순간 일탈하여 여행을 하고 싶은 생각을 갖게 된다. 이와 같이 관광행동을 유발시키는 심리적인 원동력을 관광욕구라 한다.

따라서 인간의 관광행동도 관광욕구를 충족시키기 위해 발생하게 되며, 관광욕구는 관광행동을 일으키는 가장 원천적인 심리적 요인이 된다.

(2) 마슬로우(A. Maslow)의 인간의 욕구

마슬로우(A. Maslow)에 의하면 인간의 욕구는 5단계 계층으로 이루어져 있다고 한다.

1단계의 생리적 욕구는 가장 저차원의 욕구로서 음식 · 의복 · 거처에 대한 욕구와 같은 것이다. 사람들의 행위의 대부분은 기초적인 욕구들이 신체의 충분한 활동을 위해 필요한 정도로 만족될 때 까지 생리적 욕구수준에 머물러 있을 것이고, 다른 수준의 욕구들은 거의 자극을 주지 못하는 것이다.

2단계의 안전욕구는 생리적 욕구가 충족되면 나타난다. 이 욕구는 근본적으로 육체적인 위험과 기초적인 생리적 욕구로부터 자유로워지는 것이다.

3단계의 사회적 욕구는 소속의 욕구와 애정의 욕구를 포함하는데, 일단 생리적 욕구와 안전욕구가 어느 정도 충족되면 소속감이나 애정의 욕구가 지배적으로 나타나게 된다.

4단계로 존경받고자 하는 욕구는 자긍심을 느끼며, 타인으로부터 존경을 받으려는 욕구이다. 사람들이 집단에 소속되면 단순한 구성원 이상의 위치에 도달하기를 원한다.

5단계는 자아실현의 욕구로 인간은 자기가 세운 목표를 달성하는데서 자기를 평가하고 자아발견을 하려는 욕구이다.

(3) 관광욕구 단계

일반적으로 높은 수준의 욕구(higher-level motives)는 낮은 수준의 욕구(lower-level motives)가 충족되면서 점차적으로 필요하게 되며, 욕구는 그 단계(ladder)가 있다. 또한 관광소비자인 관광객은 여행경험을 많이 하면 할수록 욕구단계가 위로 올라간다.

즉 관광욕구는 생리적 욕구(physiological needs) → 안정욕구(safety needs)→ 관계욕구(relationship needs) → 자아존중 · 발전욕구(self-esteem needs) →성취욕

구(fulfillment needs) 단계로 발전한다.

1) 제1단계 : 생리적 욕구(physiological needs)

① 외부지향적 욕구(externally oriented) : 탈출욕구, 호기심욕구, 깨우침욕구 등

② 내부지향적 욕구(internally oriented) : 휴식욕구, 성욕, 식음욕 등

예를 들어, 여행을 가고 싶은 욕구가 존재하는 것을 말한다.

2) 제2단계 : 안정욕구(safety needs)

① 자아지향 욕구(self-directed) : 위험 감소 욕구, 외부세계 예측 및 설명 욕구

② 타인지향 욕구(other oriented) : 치안욕구

예를 들어, 여행을 출발한 후 여행지에 대한 설명과 안전성에 대한 욕구 필요를 말한다.

3) 제3단계 : 관계욕구(relationship needs)

① 타인지향 욕구(other oriented) : 타인에 대한 위험감소욕구, 친교욕구

② 자아지향 욕구(self-directed) : 사랑 · 애정욕구

예를 들어, 여행에서 다른 사람들과의 사귐을 원하는 욕구를 말한다.

4) 제4단계 : 자아존중 · 발전욕구(self-esteem needs)

① 타인지향 욕구(other oriented) : 지위욕구, 존경욕구, 인정욕구, 성취욕구

② 자아지향 욕구(self-directed) : 자아발전욕구, 성장욕구, 정신적 자극욕구 등

예를 들어, 여행경험이 많은 사람의 경우에는 다른 사람들에게 설명하고 싶은 생각과 안내자가 되고 싶은 욕구가 발생됨을 의미한다.

5) 제5단계 : 성취욕구(fulfillment needs)

자아실현욕구, 끊임없는 체험욕구

예를 들어, 여행지에서 다양한 체험을 하기를 원하는 욕구를 말한다.

2 관광동기

(1) 동기의 개념

동기란 목표지향적인 행동을 유발하는 개인의 활성화된 상태를 말하며 소비자 행동을 유발한다. 즉 행동의 목적과 방향을 제시해준다. 동기는 행동의 이유이며, 왜 한 개인이 어떤 일을 하는지를 설명해준다. 동기 과정은 욕구 인식 혹은 욕구의 활성화와 더불어 시작한다.

예를 들어, 어떤 사람이 일탈하여 여행을 하고 싶은 관광욕구가 생기게 되었는데, 주변의 친구들이 함께 여행을 떠나자고 했을 경우에는 관광욕구를 행동으로 옮겨지는 관광동기가 발생하여 활성화되는 것이다.

(2) 동기유발요인

1) 생리적 요인

인간의 생체조직은 존재상태를 유지시켜 나갈 수 있도록 계속적으로 활동 하고 있다. 이러한 활동과정에서 부족한 것이 있을 때는 신경의 자극을 통해 긴장상태를 일으켜 동기를 유발한다. 즉 인간의 신체적 자율활동에 의해 동기가 유발될 때의 요인을 말한다. 생리적 요인은 직접적으로 소비자 행동을 유발하지는 않지만 인간의 동기요인 중에서 가장 근본적인 동기가 된다는 특징이 있다.

2) 인지적 요인

인간이 사고를 함으로써 동기를 일으키는 요인을 말한다. 예를 들어 회사원이 장래에 있을 승진을 위해서 열심히 일을 한다든지, 좋아하는 음식을 생각하면 먹고 싶다는 생각을 가지게 되는 것을 들 수 있다. 전자의 경우에는 기대감을, 후자의 경우에는 즐거움을 포함하여 생각하는 것이다.

3) 환경적 요인

사람들은 자기가 처한 환경에 의해 동기가 유발되기도 한다. 우리들이 흔히 '분위기에 휩쓸린다'는 말을 하는데 이것은 환경에 의한 영향을 말한다. 예를 들어, 음식점이나 제과점 앞을 지나갈 때 먹는 즐거움에 대한 기대감으로 시장기를 느끼게 된다.

(3) 관광동기의 2 요소

관광동기는 추진요소(push factor)와 유인요소(pull factor)의 개념으로 압축할 수 있으며, 두 요소간의 상호작용의 결과로 관광을 볼 수 있다. 추진요소는 성·소득·교육의 영향과 여행 패턴을 이룰 수 있는 기타 개인적 변수뿐만 아니라 심리적 동기를 포함한다. 유인요소는 여행객을 매혹하는 목적지 혹은 루트의 특징 등을 포함한다.

추진요소	유인요소
성, 소득, 교육의 영향과 여행 태턴을 이룰 수 있는 기타 개인적 변수와 심리적 동기 ex) 부유층 - 골프 서민 - 온천여행	여행객을 매혹하는 목적지 혹은 루트의 특징 ex) 제주 - 올레길 미국 - 그랜드캐니언

(4) 관광동기의 유형

밀(Mill)은 관광동기에 대하여 매슬로우의 욕구 5단계설과 자신이 주장한 지식추구 동기에 근거하여 관광동기를 7가지로 나누어 설명하고, 각 동기별 요인들을 다른 학자들이 제시한 동기로 재구성하여 관광욕구, 동기, 동기요인간의 관계에 대하여 〈표 5-1〉과 같이 정리하였다.

표 5-1 관광욕구·동기·동기요인간의 관계

욕 구	동 기	동 기 요 인
생리적 욕구	휴식	탈출, 휴식, 긴장해소, 햇빛 추구
안정의 욕구	안전	건강, 위락, 활동성, 건강 유지
귀속 욕구	사랑	가족동반, 가족관계 향상, 우정, 친교, 사교 촉진, 인간관계 형성, 고향찾기, 친지, 동족방문, 가족애 표현
자존 욕구	성취 능력, 신분	성취능력 확인, 자기위치 과시, 명예감, 사회적 인정, 자아확대, 자기개발, 직업관리, 신분과 명성
자아실현 욕구	진실성 추구	자아개발 평가, 자기발견, 내적 욕구충족
학습이해 욕구	지식 추구	문화경험, 교육, 타 지역에 대한 관심
심미 욕구	미의 이해	환경, 미화미

출처 : R. C. Mill et al.(1995). The Tourism System, Englewood Cliffs, Prentice-Hall, p. 7.

이 분류 체계는 역시 단순히 해당단계에 속하리라 예상되는 동기요인들을 종합한 것에 불과하다. 그러므로 이 분류체계 역시 검증을 거쳐 정교화해야 할 과제를 안고 있다. 그러나 제6단계 제7단계의 지적 동기와 미적 동기를 최고의 단계에 두고 있다는 것은 새로운 시각으로 볼 수 있다.

그 밖에 토마스(Thomas), 맥킨토시(Mcintosh), 크램프톤(Crampton) 등에 의하여 관광동기가 다양하게 분류되었다.

3 관광욕구와 관광동기와의 관계

관광행동을 일으키게 하는 심리적 원동력을 일반적으로 관광욕구라 부르며, 관광욕구를 관광행동으로 나타나게 하는 힘을 관광동기라 한다. 그리고 관광욕구를 동기로 나타내는 과정에는 특정 상황에서 한 개인의 행동을 중개하는 심리적·생리적 과정에 다양한 유형의 동기들이 관계되어 활성화되는데 이 과정을 모티베이션(motivation)이라 한다.

관광욕구와 관광동기와의 관계에 대한 선행연구에서 Mill과 Morrison은 여행동기의 연구에서 "여행동기는 개인이 욕구를 충족하고자 할 대 발생한다"고 하였으며, French, Craig-Smith와 Collier는 "사람들이 욕구를 충족시키고자 할 때 발생하므로, 욕구와 동기 및 행동간에는 밀접한 관련이 있다"고 하였다

따라서 욕구(needs)에 의해 욕망(want)이 생기고, 욕구가 발전해서 동기가 되며, 동기가 모티베이션을 통해 행동으로 나타나게 된다.

"여행동기는 개인의 욕구를 충족하고자 할 때 발생한다."

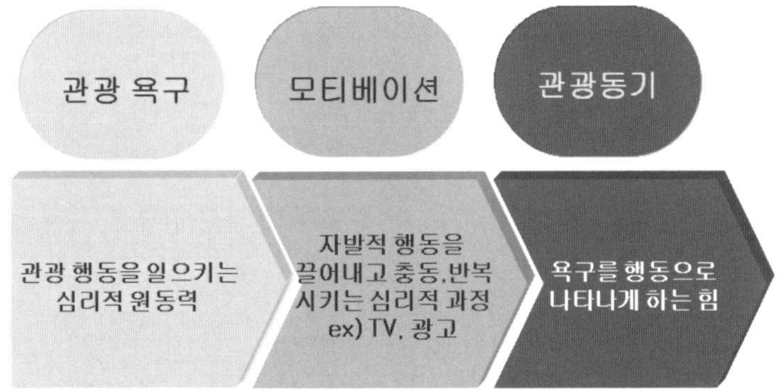

제 2 절 관광행동과 관광심리

1 관광행동

(1) 관광행동의 개념

관광을 인간행동의 하나의 형태로서 이해하는 입장에서 말한다면, 관광은 곧 관광행동이 된다. 일반적으로 관광행동은 관광사업의 대상으로 관광객의 이동, 체재, 레크레이션 등의 행동을 총칭한다.

(2) 관광행동에 영향을 미치는 요인

1) 지각의 개념

지각이란 인간이 자극에 대해 어떠한 의미를 부여하여 받아들이는 것을 말한다. 구체적으로 한 개인이 투입된 정보를 그가 살아가는 세상에서 의미있는 것으로 만들기 위해서 선택, 조직 그리고 해석하는 과정이라고 정의할 수 있다. 사실 "지각"이란 자극에 대한 연속적인 여과과정이다. 즉 인간이 주변 환경으로부터 정보를 처음 받아들이면, 그것을 다른 지각과 함께 해석 또는 통합하게 되며, 나아가 그것이 계속적으로 행동에 영향을 미치는 경우에 한해서 상당기간 동안 기억될 수 있는 것이다.

2) 이미지의 개념

이미지란 마음속에 그려지는 사물의 감각적 영상, 심상을 의미한다. 소비자는 소비자행동 연구에서 중요한 많은 지속적인 지각, 즉 이미지를 가지고 있다. 상품과 브랜드는 개인에게 상징적 의미를 부여하며, 자신의 개인적 생각과 일치하는 상품을 선택하려는 성향이 있다.

소비자는 자기에게 주어진 수많은 마케팅정보를 상표, 제품, 점포, 기업의 이미지로 재구성하려고 한다. 소비자는 제품의 품질, 디자인, 가격, 구매의 편리성, 사후관리 등 여러 단편적인 정보에 대해서 일일이 지각하고 평가하기에는 능력과 주어진 시간이 부족하므로 각 부분을 통합한 전체적인 자기평가를 바탕으로 의사결정을 한다. 따라서 이미지는 여러 원천에서 나온 정보를 처리하여 형성되는 대상에 대한 총체적 지각이라 볼 수 있다.

이미지의 유형으로는 상표이미지(brand image)와 점포이미지(store image)가 있는데, 상표이미지는 소비자가 상표에 대해 가지고 있는 전체적인 인상이다. 상표이미지에 영향을 미치는 중요한 요소는 제품의 포지셔닝이다. 점포이미지는 경영자들은 그들의 점포가 모든 소비자에게 일관된 인상을 준다고 믿고 있으나, 실제로는 소비자가 한 점포의 각 부문마다 다르게 지각을 하고 동일한 회사의 각각의 점포에도 다른 인상을 가지고 있다.

4) 지각과 관광행동

지각이 관광소비자행동에서 활용되는 부분으로는 관광목적지의 거리, 관광목적지의 이미지, 항공사의 이미지, 광고 등이다. 관광목적지에 관한 지각은 관광소비자의 의사결정에 큰 영향을 미친다. 예를 들어 거리가 먼 관광목적지는 이것이 여행을 저해하는 장애요인이 된다고 알려져 있으나, 즐거움을 추구하는 관광여행의 경우 수요를 촉진시키는 촉진요인이 되기도 한다.

관광과 같은 서비스상품의 포지셔닝 전략과 홍보는 제조업체에서 만들어내는 제품들과 비교해서 마케터들에게 몇몇 특이한 문제를 던져주고 있다. 서비스란 무형이기 때문에 이미지가 경쟁사의 서비스상품과 차별화하는 핵심요소가 된다. 따라서 마케팅의 목적은 소비자가 특정 브랜드명에 특정 이미지를 연결시키도록 유도하는 것이다. 많은 서비스업체들은 광고에 유형적 단서(tangible cues)로서 실제로 근무하는 서비스 종사자들을 등장시키고 있으며, 차별화하기 위해서 사람에 초점을 두는 주제를 사용한다. 예를 들어, 항공사 광고에서 비행조종사와 스튜어드 및 스튜어디스를 등장시키는 것이다.

서비스 환경의 디자인은 서비스 포지셔닝 전략의 중요한 부분이며, 소비자의 업체인상이나 소비자와 종업원의 행동에 민감하게 영향을 준다. 물리적인 환경은 은행, 소매점, 전문직 사무실과 같은 서비스업체의 인상을 호의적으로 창출하는데 특히 중요하다. 그 이유는 고객이 이러한 서비스업체가 제공하는 서비스질을 객관적으로 판단할 수 있는 객관적인 기준이 많지 않기 때문이다. 예를 들어, 젊은이들을 대상으로 하는 호텔은 밤이 되면 호텔로비를 전통적인 호텔로비와는 다르게 다양하고 화려하게 조명을 갖추는 환경디자인을 구성한다.

(3) 학습과 관광행동

1) 학습의 개념

소비자들은 일상생활에서 학교에서 가르쳐 주지 않는 많은 것들을 무의식적으로 배운다. 학습이란 과거 경험의 결과로 일어난 지식, 태도 및 행위의 변화로 정의된다. 소비자들은 상표에 대한 신념과 태도, 가치, 습관, 기호 등 자신들의 구매와 소비에 영향을 미치는 많은 것들을 학습을 통해 습득하며, 이러한 의미에서 소비자 행동은 본질적으로 학습된 행동이라고 할 수 있다.

2) 학습 과정

① 인지적 학습

인지적 학습에서의 학습은 소비자가 여러 가지 대안에 대한 정보를 취득하고 처리하여 이 정보를 소비자가 가지고 있던 기존의 신념과 통합하는 적극적 과정이라고 할 수 있다. 소비자의 인지적 학습은 제품이나 서비스를 직접적으로 사용해 본 경험, 다른 사람이 사용하는 것을 관찰, 신문·잡지 등의 대중매체나 친구, 가족 등 인적 정보원으로부터 제품관련 정보를 처리한 결과로서 일어난다. 예를 들어, 개인이 친구들로부터 여행에 대한 정보를 듣고 그곳의 여행에 대하여 좋은 이미지를 갖는 것을 말한다.

② 행동주의적 학습

행동주의적 학습은 고전적 조건과 수단적 조건화로 나누어진다.

소비자들은 때로는 인지적 노력이 없이도 호의적 태도나 구매행동과 같이 어떤 반응을 나타내도록 유도될 수 있다. 행동적 학습은 환경 내의 사건들간에 관련성이 있다고 보게 될 때에 일어나며, 파블로프식(고전적) 조건화와 수단적(조작적) 조건화 및 대리적 학습에 의해서 이루어 된다. 예를 들어, 개인의 핸드폰에 값싼 여행정보가 나타났을 때의 구매하는 행위를 말한다.

③ 학습과 관광소비자 행동

관광소비자행동은 하나의 학습행동이다. 관광객이 자신과 외부환경변화에 적응하는 학습과정은 관광소비자행동에 지대한 영향을 미친다. 현대인들은 관광이나 레저를 할 수 있는 환경이 개선되면서 이러한 활동을 할 수 있는 기회에 노출되어 있다. 예를 들어, 일간지의 여행사 상품소개는 관광소비자에게 학습효과를 미쳐 관광선택 행동에 영향을 주게 되는 것이다.

(4) 태도와 관광행동

1) 태도의 개념

태도는 개인이 특정한 상항에 있어서 또는 특정한 사물이나 아이디어에 대하여 가지고 있는 지속적이며, 학습된 선유경향(predisposition)으로서 제품, 아이디어나 사물에 대하여 우호적 또는 비우호적으로 가치판단을 내려 반응할 준비상태를 의미한다. 즉, 태도란 개인이 어떤 대상(상품, 상표)에 대해 호의적 · 비호의적으로 기울고 있는지의 여부를 반영하는 "내적인 느낌의 표현이다"

2) 태도의 특성

첫째, 태도는 대상을 필요로 하는데 태도대상으로 제품과 서비스는 물론이고 소비자 보호운동과 같이 추상적인 개념이나 제품구매와 같은 행위도 포괄한다.

둘째, 태도는 방향, 정도, 강도 등의 세 가지 측면을 가진다.

셋째, 한 개인이 여러 대상에 대하여 갖고 있는 태도들은 그의 개체 및 자아 이미지를 중심으로 하여 구심점을 가진다. 구심성이 큰 태도는 그렇지 못한 주변적 태도에 비해 의사결정에 많은 영향을 미친다.

넷째, 한 개인이 현재 갖고 있는 태도들은 서로 관련되어 있기 때문에 그들 간에는 어느 정도의 공존성이 있어야 하며, "전체로서 일관성을 갖는 안정적인 구조"를 이룬다.

다섯째, 태도는 학습된다. 즉 태도들은 가족과 동료집단, 친구나 판매원, 뉴스매체로부터의 정보의 개인적 경험, 퍼스낼리티 등으로부터 영향을 받으며 학습된다.

3) 태도와 관광소비자행동

관광분야의 태도연구는 관광소비자행동의 태도와 지역주민의 태도연구가 있어 왔다. 지역주민이 관광객에 갖는 태도는 지역의 정서와 상황에 따라 다르지만, 일반적으로 환영-무관심-적대감으로 관광객에 대한 태도가 악화되거나 저항-회피-거리유지-회복-채택의 형태로 태도가 긍정적으로 바뀌는 것을 볼 수 있다.

(5) 성격과 관광행동

1) 성격의 개념

성격이란 어떤 개인의 특징을 이루는 행동 또는 체험의 기반이 되는 특성이라고 하겠다. 이것은 자기 자신에게는 자아로서 지각되고 다른 사람에게는 어떤 특정한 자아로서 파악된다. 또한 성격은 인격과는 달리 지능 이외의 행동 특징을 의미하는 것으로도 생각할 수 있다. 인격이나 성격은 보통 도덕적인 색채를 띠고 쓰이지만 심리학적으로 도덕적인 의미는 제외되어야 한다.

2) 성격 · 라이프스타일과 관광소비자 행동

성격과 관광소비자 행동은 관련성이 있다고 알려져 있다. 관광객은 관광교통수단, 관광목적지, 계절별 선호도 등에 걸쳐 성격 특성별로 차이를 보여주고 있다. 예를 들어 자동차여행자는 여행을 하지 않는 사람에 비해 더욱 사교적이며 자신감이 넘치는 성격을 가지고 있다. 기차여행자는 상대적으로 수동적이며 의존적인 성격특성을 보인다는 것이다.

Plog의 연구는 성격 · 라이프스타일과 관광소비자행동의 특성을 연계하는 연구에 많이 인용된다. Plog는 관광객들을 성격과 라이프스타일에 따라 크게 내향적관광객과 양향성관광객, 외향성관광객으로 구분하고 각각의 관광객 소비자행동 특성을 분석하였다.

(6) 문화와 관광행동

1) 문화의 개념

문화는 두 가지 내용을 포함하고 있다.

첫째, 사회의 구성원으로 인간이 획득하게 되는 지식 · 신념 · 기술 · 도덕 · 법 · 관습 및 그 이외의 다른 능력과 습관을 모두 포함하는 복합적인 전체이다.

둘째, 문화는 한 세대에서 다음 세대로 이어지는 가치 · 개념 · 태도 · 인간 행동 및 그 행동요소를 형성하기 위하여 만들어내는 그 밖의 의미 있는 상징을 의미한다.

2) 하위문화와 관광소비자 행동

각 문화는 그 구성원들 사이의 공통적인 경험과 상황에 근거하여 가치관을 공유하는 적은 집단 혹은 하위문화 집단을 포함하고 있다. 이에는 먼저 국적집단으로 이태리계 미국문화, 멕시코계 미국문화 같은 것이 있으며 여기에서는 대규모 공통사회와는 구별되는 독특한 윤리적 기호와 성향이 나타난다. 또한 종교집단으로는 카톨릭 물론, 장로교 그리고 예수교와 같은 것으로 나름대로의 독특한 선호와 금기를 공유하는 하위문화이다. 이처럼 하위문화는 인종, 종교, 언어, 연령, 사회계층 등과 같은 요인에 기초하고 있으며, 관광자에게 훨씬 더 구체적인 일체감과 사회성을 부여해 주어 관광마케팅에 있어서 세분시장을 결정하는 주요 요인이 된다.

(7) 사회계층과 관광행동

1) 사회계층의 개념

사회계층이란 부 · 권력 · 권위 · 교육 등의 복합된 개념으로서 소비자들의 구매 행동을 결정짓는 강력한 변수 중의 하나로 간주되어 왔다. 즉, 사회는 부 · 기술 · 권력 · 교육수준에 따라 수직적으로 계층화되기도 하는데, 사회계층은 그 계층에 속하는 사람들의 행동에 제약을 가함으로써 그들의 개성 · 의욕 · 언어 · 가치관을 동질화시키려는 어떤 응집력을 갖고 있다. 따라서 각 상이한 사회계층들은 서로 상이한 행동 패턴을 갖고 있기 때문에 그것은 시장세분화와 소비자 반응을 예측하기 위한 유용한 변수가 된다. 따라서 사회적으로 신분이나 소득 등이 비슷한 사람들을 묶은 것을 말한다.

2) 사회계층과 관광소비자 행동

사회계층은 소비행동과 밀접한 관계가 있다. 사회계층은 직업, 교육, 소득, 주거지역 등 여러 가지 요인에 의해서 결정되는 이러한 공통되는 요인들에 의해 취향이나 소비행동, 쇼핑행동, 의사결정과정들이 각 사회계층 구성원들 사이에 공통적인 경향을 띠고 있다. 예를 들어, 최근 골프여행을 다니며 골프여행에 대하여 이야기 하는 사람들은 부를 축척하고 있는 사회계층으로 생각되고 있다. 그리고 추수 후에 온천여행을 가는 사람들은 농촌사람들의 사회계층으로 분류되고 있는 것이다.

2 관광심리

(1) 관광객 심리의 특징

관광객에서 볼 수 있는 심리적 특징은 “긴장감”과 “해방감”이라는 상반된 감각이 동시에 고조되는 것에 있다.

일상생활을 떠나 잘 모르는 지역에서의 생활은 불안감을 갖게 하기 쉽고, 외부환경의 변화에 곧 대응할 수 있도록 심신이 “반응가능”이란 상태를 유지하고자 한다. 이러한 상태에 대한 의식이 "긴장감"이고 감수성을 높이는 것에 작용하여 정서적 반응도 활발해진다. 만나게 되는 사물에 대하여 쾌·불쾌, 좋음·싫어함 등의 인상은 강하게 남게 되고, 평소와는 다른 것에 흥미를 느끼는 경향을 볼 수 있으며, 특히 외견적인 진기함에 마음을 끌리기 쉽다.

다른 한편으로는 일상생활로부터 떠남으로써, 생활과 관계되는 여러 가지의 번거로움을 일시적으로 잊을 수 있고, "마음이 편안함"을 느끼게 된다. 이러한 상태에 대한 의식이 "해방감"이고 인간을 육체적으로도 정신적으로도 편히 쉬게 하는 것이다.

"즐기는 것을 목적으로 한 여행"이더라도 육체적 피로뿐만 아니라 정신적 피로를 느끼는 일이 많은 것은 긴장감이 생기기 때문이고, 어떤 목적을 가진 여행의 경우라도, 즐거움을 동반하는 경우가 있는 것은 거기에 해방감이 있기 때문이다. 이러한 상반되는 의식의 조합에 의해 관광객의 심리는 형성되어 있는 것이다.

긴장감과 해방감의 구성비율이 일정하다고 해도, 그 비율은 여행기간을 통해서 같은 것이 아니고 시간의 경과에 따라 상당히 변화한다. 일반적으로 긴장감은 여행의 전반부분 쪽이 강하고, 특히 10일 이상에 걸쳐 계속하는 외국 여행에 있어서는 시작하여 얼마 안 된 시점에서 정점에 달하는 경향이 있고, 이 시기에 몸상태가 좋지 않게 되는 경우가 많다.

한편 해방감은 중·장기여행에서는 후반에 급속히 높아지는 경향이 있고, 이 시기에 "마음이 해이"해지는데서 오는 문제가 발생하는 경우가 있다. 단기 여행에서는 여행이 시작되었을 때부터 해방감만이 강해지는 예도 있고, 단체여행은 특히 이러한 경향이 있다.

(2) 관광소비자의 여러 심리현상

1) 리미노이드(liminoid)

리미노이드란 Victor Turner가 개발한 용어로서 일상생활의 바깥 혹은 그 주변의 모든 조건을 의미한다. 리미노이드는 역치성에 근거한 개념인데

역치성이란 문지방이란 한계를 넘는다는 뜻이며 일상적 실존의 기본적인 정치・경제적인 사건, 과정과 무관한 조건을 의미한다. 터너에 의하면 리미노이드 상태는 흥분상태에서 어떤 중요한 활동에 몰입해 있는 사람에게서 특징적으로 나타나는 비반사적 상태라고 하였다.

이 감정 상태는 어떤 외적인 목적에 대한 수단이 아니라 그 자체로서 하나의 보상이다. 이와 같은 감정 상태는 종교행위(성찬식)에 몰두해 있는 사람에게서 특징적으로 나타나다. 한편으로는 취미, 성행위, 레크리에이션, 놀이 등과 같은 여가활동 등에서도 공통적으로 나타난다. 이 속에서는 자신과 어떤 친밀한 관계를 갖지 않았던 사람과도 단번에 진한 '동료애'를 느끼며 이를 통해 모든 이들이 '동질성' 속에서 합일되는 것이다. 예를 들어, 사람들이 서로 잘 알지 못하는 상태에서 광화문 광장에서 월드컵 축구 응원을 함께하는 경우이다.

2) 관광 모럴(tourist moral)

관광객이 지켜야 할 도덕관념을 말한다. 관광여행은 일상생활에서 벗어나면서 해방감을 가지기 때문에 자기중심적으로 판단하거나 무책임하게 되기 쉽다는 점에서, 관광여행을 할 때 다른 사람에게 폐를 끼치지 말 것, 관광대상을 손상시키지 말 것, 도덕적으로 문제가 있는 행동을 하지 않을 것 등은 관광객이 유의할 사항이다. 예를 들어, 관광지에서의 고성방가, 관광지에서의 퇴폐행위 등을 말한다.

(3) 관광객의 심리상태

관광객의 심리상태는 긴장감과 해방감과의 조합에 의한 기본적 특징과 현재화 된 욕구(군)와의 관계에 의해서 형성된다. 일반적으로 “긴장감 우위형”은 정보를 가짐으로써 현재화하는 욕구(군)를 동반하기 쉽고, 호기심이나 동조・모방 바람이 강하게 되는 경향이 있다. 이것에 대하여 해방감 우위형은 일상생활을 일시적으로 떠나는 것 그 자체와 관계가 있기 때문에 떠나기 위한 조건인 시간, 금전에 의해서 현재화하는 욕구(군)를 동반하는 경우가 많아져 특히 “기분 전환”, “위신의 확대”, “역할 전환” 등에 그 경향이 강하게 나타나기 쉽다.

또한 관광객은 기본적으로, “비일상적인 일시적 상태”라는 의식을 공통적으로 갖고 있고, 그 때문에 대상에 대한 평가기준이나 요구수준 그 자체도 평소와는 다른 경우가 있다. 관광대상에 관해서 심미적 관점보다도 “방문했다는 만족감”이 중시되는 경우가 많고, 음식물 등에 관해서는 맛이나 가격조건보다도 진기함이 평가의 초점이 되는 경우도 적지 않다.

또한 구매행동에 관해서는 일반적으로 “시간제한형 구매행동”으로서의 성격을 갖기 쉽고, 사전에 필요한 정보를 갖고 있는 경우를 제외하면, 그때그때의 비계획적 구매(=실물시사형의 충동적 구매)가 되기 쉽고, 그것을 가능하게 하는 금전을 소유하고 있는 경우에는 특히 그러한 경향이 있다.

관광객의 구매행동에는 물리적 지갑과 대비되는 심리적 지갑에 의한 영향도 있다. 여기서 말하는 심리적 지갑이란 다른 것과의 공통성이 있고, 생활의 속에서 연속성을 갖는 물리적 지갑[=일반적 의미에서의 지갑의 내용(알맹이)]과 달리 사람과 기호에 의해서 다른 금전 감각에 따라 주관적으로 구성된 ‘구매할 수 있는 금전’이다. 좋아하는 것에는 많은 돈을 쓰더라도 그것은 유효한 구매이고, 약간의 금전이라도 좋아하지 않는 것에 쓰는 것은 낭비라고 느끼는 것은 지출이 심리적 지갑에 의해서 되고 있다는 것을 뜻하고 있다.

3 관광행동과 관광심리와의 관계

관광행동을 일으키게 하는 심리학적 원동력은 관광욕구이고, 이 잠재욕구를 구체적인 관광행동으로 나타나게 하는 힘은 관광동기라고 할 수 있다. 관광심리에는 기본적 요구와 사회화된 요구가 있는데 이는 곧 관광객이 여행하려는 심리에는 단순히 기본적 관광욕구 이외에 인간이 생활하기 위해 나타는 욕구까지 포함시키고 있는 것으로 특히 현대 사회적 상황에 비추어 볼 때 커다란 의미를 지니고 있다.

또한 관광심리와 관광행동간에는 관광이 여행을 하게끔 만드는 개인적,

사회적 배경과 함께 일단 형성된 심리가 여행으로 나아가는 데에는 많은 행동요인이 작용하고 있다.

올해 경제 침체 및 신종플루 등의 영향으로 위축되었던 국민들의 관광심리가 회복되려면 다소 기간이 소요될 것으로 나타났다.
한국문화관광연구원(원장 정갑영)은 2010년 국민들의 관광활동과 관광사업체들의 경영활동을 전망하기 위하여 일반 국민 1,000명 및 250개 관광사업체를 대상으로 '2010년 관광전망 조사(12월 21~24일)'를 실시한 결과 이와 같이 나타났다.
국민들은 2010년 관광활동에 대해 신중한 태도를 보이고 있었으며, 2009년에 비해 2010년 관광활동 계획이 없다는 응답자가 증가한 것으로 조사되었다. 2010년 여가시간 및 여가비 지출도 2009년보다 감소할 것이란 응답이 우세하였으며, 관광활동 결정에 있어 가장 큰 영향요인인 '소득 등 경제적 여건'이 확실하게 개선되지 않는 한 2009년 경제침체, 신종플루 등으로 위축된 관광심리가 회복되는 데 다소 시간이 소요될 것으로 전망된다.
관광사업체의 경우 2009년 외래관광객은 증가(11월말 기준 전년 동기대비 91만명 증가)한 반면, 국민들의 해외관광이 크게 감소(11월말 기준 전년 동기대비 272만명 감소)한 결과 2009년 매출액 순수익, 이용객수, 고용자수는 모두 전년 대비 감소했지만 2010년에는 반등하여 경영 실적이 개선될 것으로 전망되었다.

출처 : 문화관광연구원, 2009.12.30.

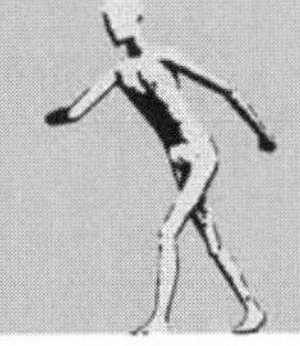

관광마케팅

마케팅 개념과 관광마케팅 개념

마케팅은 서비스나 제품생산자가 서비스 또는 상품을 소비자에게 유통시키는데 관련된 모든 경영활동을 말한다. 일반적으로 마케팅이라고 하면 물건파는 것을 말한다고 하지만 실제로는 보다 넓은 의미를 포함하고 있다. 그리하여 미국 마케팅학회(American Marketing Association)는 "개인과 조직의 목적을 충족시켜주는 교환을 창출하기 위해서 아이디어, 제품, 서비스에 대한 발상, 가격결정, 촉진 및 유통과정을 계획하고 실행하는 과정"이라고 표현하고 있다. 또한 마케팅의 구체적인 수단으로 제품(Product), 가격결정(Pricing), 촉진(Promotion), 유통경로(Place)를 포함하고 있다.

세계관광기구는 관광마케팅을 "최대의 편익을 얻으려는 관광조직의 목적에 맞게 관광수요측면에서 시장조사 · 예측 · 선택을 통하여 자사의 관광상품을 시장에서 가장 좋은 위치를 차지하도록 노력하려는 경영철학"이라고 하였다. 따라서 관광마케팅이란 관광기업이 관광객의 필요와 욕구를 충족시켜주기 위해서 다양한 마케팅 수단을 효과적으로 활용하는 조직활동으로 표현할 수 있는 것이다.

제 2 절 관광 마케팅 전략

1 관광 마케팅 전략 의미

전략의 사전적 의미는 전쟁을 전반적으로 이끌어 가는 방법이나 책략을 말한다. 또한 어떤 목표에 도달하기 위한 최적의 방법을 뜻한다. 마케팅 전략이란 마케팅 목적을 달성하기 위하여 활용되는 기본적인 방법이라고 할 수 있다. 이러한 마케팅 전략의미를 관관분야에 적용하는 것이 관광 마케팅 전략이다.

코틀러(Kotler)는 전략계획에 포함되어야 할 내용으로 경영자용 요약, 현재의 마케팅 상황, 기회와 위협분석, 목적과 목표, 마케팅 전략, 실행계획, 추정손익계산서, 통제 등이 존재한다고 하였다.

2 관광마케팅 전략 흐름

관광마케팅 전략흐름은 상황분석, SWOT분석, 기업 목표설정, 시장세분화 전략, 표적시장 전략, 포지셔닝 전략 등으로 이루어지고 있다. 그 내용은 [그림 7-1]과 같다.

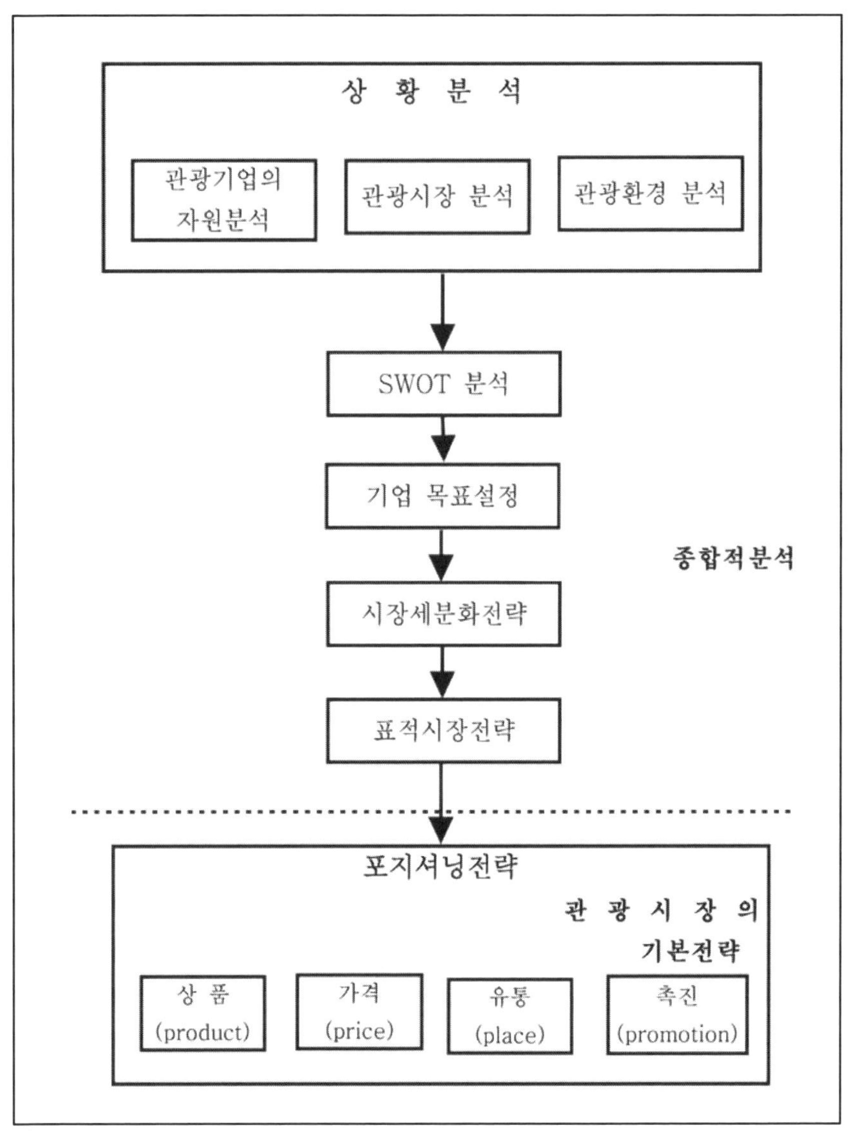

그림 7-1 관광마케팅 전략 흐름

출 처 : 김광근 외(2011), 관광학의 이해, 백산출판사

(1) 상황분석

상황분석은 마케팅 목표를 설정하기 위하여 주변환경을 분석하는 것이다. 관광기업의 자원분석, 관광시장분석, 관광환경분석 등으로 구성된다.

1) 관광기업의 자원분석

해당 관광기업의 장·단점을 파악하는 것이다. 해당기업의 경영형태, 영업부문, 주요 마케팅 전략의 방향성, 조직의 특수성, 미래지향적 전략 등 장·단점을 비교 분석한다.

2) 관광시장 분석

관광의 공급, 수요, 경쟁분석을 시행하는 것을 말한다. 공급분석은 기존 시장의 산업, 공급, 제품형태별 공급상황에 관한 파악을 함으로써 시장에 대한 전체적인 시야를 확보하는 것이다. 수요분석은 동향, 예측, 주기, 수요의 형태 및 특성으로 분류되며, 수요의 주기적 분석이 중요하다. 경쟁분석은 동종업계의 수요 및 공급, 판매현황, 신상품 상황 등에 대하여 검토하는 것이다.

3) 관광환경분석

관광기업은 기업에 영향을 미칠 환경을 사전에 분석한다. 마케팅 환경은 기업의 입장에서 통제 가능한 요인인 내부환경분석과 통제 불가능한 요인인 외부환경분석으로 분류된다. 내부환경분석(미시환경)이란 자사의 경영자원을 분석하는 것이다. 내부자원에는 재무자원, 물적자원, 인적자원, 기술지원, 조직자원 등이 있다. 외부환경(거시환경)은 기업을 둘러싼 외부요인으로 모든 기업에게 공통적으로 영향을 미치는 환경을 말한다. 외부환경에는 인구통계적 환경, 자연적 환경, 정치·법률적 환경, 사회적 환경, 경제적 환경, 기술적 환경, 경쟁자 환경 등이 있다.

(2) SWOT 분석

SWOT란 강점(Strength), 약점(Weakness), 기회(Opportunity), 위협(Threat)을

말한다. 경영전략을 수립하기 위한 분석도구이다. 강점과 약점은 기업의 내부환경분석을 통해 그리고 기회와 위협은 기업의 외부환경분석을 통해 도출하게 된다. SWOT 분석의 가장 중요한 목적은 거시환경 분석 및 시장분석 결과에서 도출된 시장의 기회와 위협을 관광자원 분석(내부환경분석)의 결과에서 도출된 관광기업의 장단점과 비교·조화시켜 관광기업의 목표 설정 및 전략 수행으로 이어 나가는데 있다.

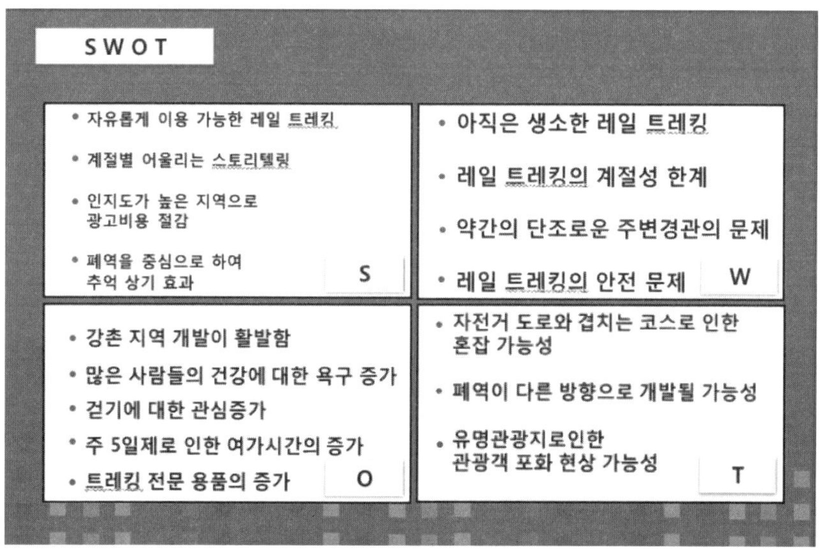

강촌 폐광지역 트레킹 관광상품에 대한 SWOT 분석의 예

(3) 기업목표 설정

기업의 원하는 방향을 정해두는 것을 말한다. 넓은 의미에서 기업의 비전, 미션, 전략, 실행계획을 설정하는 것이다. 좁은 의미에서는 매출액, 손익분기점, 수익률 등 기업이 나아가야 할 방향을 정립해 두는 것이다.

(4) 시장세분화 전략

시장세분화 전략은 기존의 시장 및 향후의 잠재시장을 세분화하는 전략을 말한다. 즉 다양하고 이질적인 전체시장을 동질성을 가진 여러 개의 하위시장으로 나누어 관광기업의 잠재력에 적합한 시장을 선정하여 공략하는 것을 말한다. 시장세분화를 위한 기준은 지리적 요인, 인구통계적 요인, 행동분석적 요인, 심리형태적 요인 등이 있다. 예를 들어. 인구통계적 시장세분화는 연령, 성별, 가족구성원 수, 가족생활주기, 소득, 직업, 종교, 인종, 국적 등에 의하여 시장을 몇 개의 집단으로 분할하는 것을 말한다.

(5) 표적시장 전략

관광시장이 다양한 시장세분화가 끝나면 표적시장을 설정한다. 즉 표적시장이란 전체 시장이 구성하고 있는 여러 개의 세분시장 간의 차이를 인식하고, 수개의 세분시장을 마케팅의 표적으로 선정하는 것을 말한다. 표적시장의 유형은 차별적 마케팅과 비차별적 마케팅, 집중화 마케팅 등으로 구분할 수 있다.

1) 비차별적 마케팅

각 세분시장의 차이를 무시하고 전체 소비자를 대상으로 하나의 마케팅 전략을 구사하는 것으로 소비자들 간의 차이보다는 공통점에 중점을 두는 것이다. 다수의 구매자에게 소구하기 위해서 하나의 상품과 하나의 마케팅 프로그램으로 시장을 공략하는 것으로 대량유통이나 대량광고를 통해 자사 이미지 재고에 노력한다. 예를 들어, 하나투어가 신문에 “사원 모두가 고객만족을 위해서…”라는 지면광고를 했다면 자사이미지를 통합적으로 마케팅한 것이다.

2) 차별화 마케팅

세분화된 여러 시장의 특성에 맞도록 각각 다른 마케팅 믹스를 만드는 전략을 말한다. 예를 들어, 여행사의 패키지 상품은 신문광고, 배낭여행은 젊은이 위주의 SNS 광고를 하는 것이다. 차별화 마케팅은 비차별화 마케팅을 추진하는 것보다 더 많은 매출을 올릴 수 있다.

3) 집중화 마케팅

여러 세분시장 중에서 단 하나의 세분시장을 목표로 선정하여, 여기에 마케팅 노력을 집중적으로 투입하는 것이다. 기업의 자원이나 브랜드에 한계가 있어 경쟁사에 비하여 경쟁요소가 약하다고 생각하는 기업이 주로 사용한다. 예를 들어, 신발끈 여행사는 규모가 작기 때문에 오직 배낭여행을 중심으로 온라인 마케팅에 집중한다.

(6) 포지셔닝 전략

포지셔닝이란 고객의 마음 속에 자사제품을 경쟁사 제품, 가격, 유통, 촉진 등을 차별적으로 인식시키는 것을 말한다. 관광상품은 무형적인 특성으로 인해 포지셔닝 하기가 매우 어렵다. 예를 들어, 삼성전자 제품은 서비스가 매우 신속하고 강하다는 이미지가 고객마음 속에 자리잡고 있다는 것을 말한다. 또 하나의 예로 한진관광은 무조건 대한항공에 의하여 여행하여 우리나라 사람들이 타기에 전혀 어려움이 없다. 라는 것이다.

포지셔닝에 속하는 4가지 요소인 상품, 가격, 유통, 촉진은 마케팅 프로그램을 구성하는데 고려되어야 하는 요소를 말한다. 이 4요소들은 마케팅 전략을 수립하는데 핵심적인 결정변수이며, 서로간의 상호의존도가 높아 마케팅 믹스 또는 4P'S 라고도 한다. 마케팅믹스란 마케팅 전략을 계획・실시하고 마케팅 목표를 달성하는데 있어 기업이 통제가능한 모든 변수를 말한다.

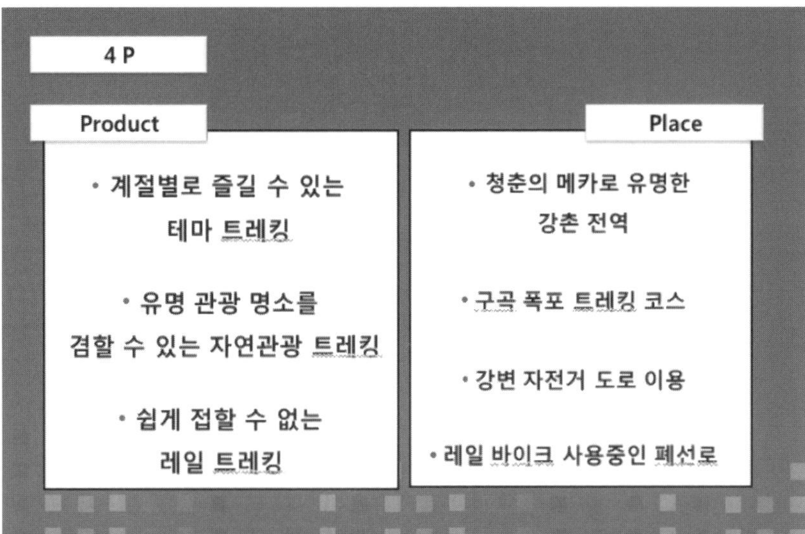

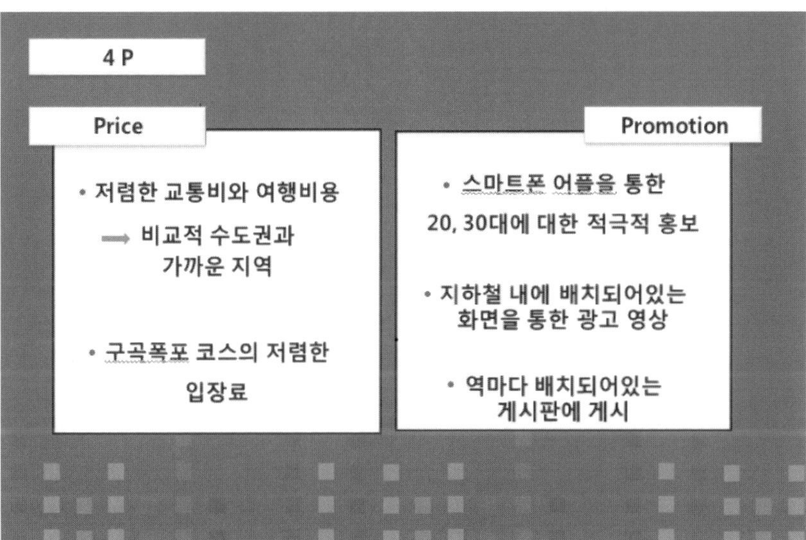

강촌 지역 트레킹 관광상품에 대한 4P 분석의 예

제 7 장

관광사업의 이해

제1절 관광사업 개념과 발전단계

제2절 관광사업 분류

제3절 관광사업 특성

제4절 관광사업 환경변화와 향후 관심분야

제1절 관광사업 개념과 발전단계

관광사업이란 관광진흥법 제1장 총칙 제2조 1항에 의하면, "관광객을 위하여 운송 · 숙박 · 음식 · 운동 · 오락 · 휴양 또는 용역을 제공하거나 그 밖에 관광에 딸린 시설을 갖추어 이를 이용하게 하는 업(業)“을 말한다. 즉 관광업과 직간접으로 관련된 숙박업, 여행업, 교통업과 기타의 관련사업을 총칭한다.

관광사업은 관광산업과 혼용되고 있으나 한국관광학회에서 발행된 관광용어사전에서는 관광사업과 관광산업은 동의어로 표시하고 있다.

관광사업은 시대적인 변화에 따라 자연발생적 관광사업, 매개서비스적 관광사업, 개발조직적 관광사업으로 발전해왔다.(표 8-1)

표 8-1 관광사업의 발전단계

발전 단계	시대	경영유형	사업 주체	주요 기업	관광자층
자연발생적 관광사업	고대~19세기 중엽	기생형 관광사업	기업	말, 마차, 가마, 목선, 여인숙, 주막	귀족, 무사 등 특권층, 서민의 종교여행
매개서비스적 관광사업	19세기 중엽 ~2차 대전	매개형 관광사업	기업 · 국가	철도, 증기선, 호텔, 여관, 여행알선업	특권계급과 서민의 일부
개발 · 조직적 관광사업	2차 대전 ~현재	개발형 관광사업	기업 · 국가 · 공공단체	철도, 선박, 항공기, 자동차, 호텔, 여관, 여행업 개발업	일반대중

[표 8-1]에서 보는 바와 같이, 자연발생적 관광사업은 고대-19세기 중엽까지의 초기에 여행자를 위한 이동이나 체류 시설로 이동객이 많은 도로변이나, 촌락입구, 오아시스 등에 생긴 주막이나 우마차 등의 관광객 편의시

설을 말한다. 매개서비스적 관광사업은 19세기 중엽-2차 대전까지로서, 교통기관이 본격적으로 발전하고, 호텔이 나타났으며, 여행업의 초기형태를 갖추었던 시기이다. 관광자층은 신흥부유층이 여가여행을 시작하던 시기로 관광사업의 초기모습을 보여 주는 시기이다. 개발·조직적 관광사업은 2차 대전부터 현재까지로서 국민 소득증대, 여가시간 증가, 인식변화 등으로 일반대중이 관광활동에 적극적 참여를 하는 현재를 말한다. 현재는 국가, 기업, 공공단체가 조직적으로 관광지를 개발하여 대중의 관광욕구를 충족시키는 시기이다.

관광사업 분류

관광진흥법에서는 관광사업을 다음과 같이 분류하였다.

관광사업의 종류	관광사업의 세분	정의 및 내용
여행업		여행자 또는 운송시설 · 숙박시설, 그 밖에 여행에 딸리는 시설의 경영자 등을 위하여 그 시설 이용 알선이나 계약 체결의 대리, 여행에 관한 안내, 그 밖의 여행 편의를 제공하는 업
관광숙박업	호텔업	관광객의 숙박에 적합한 시설을 갖추어 이를 관광객에게 제공하거나 숙박에 딸리는 음식 · 운동 · 오락 · 휴양 · 공연 또는 연수에 적합한 시설 등을 함께 갖추어 이를 이용하게 하는 업
	휴양 콘도미니엄업	관광객의 숙박과 취사에 적합한 시설을 갖추어 이를 그 시설의 회원이나 공유자, 그 밖의 관광객에게 제공하거나 숙박에 딸리는 음식 · 운동 · 오락 · 휴양 · 공연 또는 연수에 적합한 시설 등을 함께 갖추어 이를 이용하게 하는 업
관광객 이용시설업		가. 관광객을 위하여 음식 · 운동 · 오락 · 휴양 · 문화 · 예술 또는 레저 등에 적합한 시설을 갖추어 이를 관광객에게 이용하게 하는 업 나. 대통령령으로 정하는 2종 이상의 시설과 관광숙박업의 시설(이하 "관광숙박시설"이라 한다) 등을 함께 갖추어 이를 회원이나 그 밖의 관광객에게 이용하게 하는 업
국제회의업		대규모 관광 수요를 유발하는 국제회의(세미나 · 토론회 · 전시회 등을 포함한다. 이하 같다)를 개최할 수 있는 시설을 설치 · 운영하거나 국제회의의 계획 · 준비 · 진행 등의 업무를 위탁받아 대행하는 업
카지노업		전문 영업장을 갖추고 주사위 · 트럼프 · 슬롯머신 등 특정한 기구 등을 이용하여 우연의 결과에 따라 특정인에게 재산상의 이익을 주고 다른 참가자에게 손실을 주는 행위 등을 하는 업
유원시설업(遊園施設業)		유기시설(遊技施設)이나 유기기구(遊技機具)를 갖추어 이를 관광객에게 이용하게 하는 업(다른 영업을 경영하면서 관광객의 유치 또는 광고 등을 목적으로 유기시설이나 유기기구를 설치하여 이를 이용하게 하는 경우를 포함한다)
관광 편의시설업		위의 6가지 관광사업 외에 관광 진흥에 이바지할 수 있다고 인정되는 사업이나 시설 등을 운영하는 업

제 3 절 관광사업 특성

관광진흥법에 의하면 관광사업자란 "관광사업을 경영하기 위하여 등록·허가 또는 지정(이하 "등록등"이라 한다)을 받거나 신고를 한 자를 말한다." 즉 자격요건을 갖추면 관광사업자로 인정되며 그 대상은 관광기업, 공공기관을 포괄적으로 포함하고 있다. 다음과 같은 특성을 가지고 있다.

1 복합성

관광사업은 공적기관과 민간기업이 다양하게 연관성있게 구성되어 있다. 즉 공적기관은 관광의 공익을 추구하기 위해서, 민간기업은 관광을 통하여 수익을 창출하기 위해서 함께한다. 예를 들면, 정부는 국가를 알리고 국민의 공익을 위하여 여수박람회를 개최하였으며, 그곳의 교통업, 숙박업, 음식업, 여행업 등은 민간기업이나 일반인들이 종사하며 수익을 창출한다.

2 입지의존성

그 내용은 불연속성과 생산소비 동시성으로 나타난다. 관광객들은 관광에 대하여 기후조건, 계절성, 경기변동, 사회분위기 등에 민감하에 반응하여 관광사업에 영향을 끼친다. 예를 들어, 일본의 지진에 의한 쓰나미 발생은 일본관광사업에 부정적 영향을 미칠 것이다.

관광은 관광객이 관광지에 도착하여 관광활동을 하면서 생산과 소비가 동시에 발생하는 생산・소비 동시성이 발생한다. 예를 들어, 관광객이 제주도를 방문하기 위해서 비행기를 타면서 관광이 시작되고, 동시에 요금을 지불하는 동시성이 발생하게 되는 것이다.

3 공익성

관광사업은 국제교류, 국위선양, 국가홍보, 국민들의 교양증진 등 공익적 가치를 추구해야 한다. 예를 들어, 우리나라는 대통령께서 직접 대한민국을 방문해 달라는 홍보물에 모델을 하였다.

4 변동성

관광은 생활필수적인 것이 아니고 임의적이라고 할 수 있기 때문에 외부사정의 변동에 민감하게 반응한다. 즉 관광은 정치불안, 국제정세변화, 전쟁, 테러 등의 사회적 요인이나 경제불황, 환율 등의 경제적 요인 그리고 태풍, 지진 등의 자연적 요인에 민감하다. 예를 들어, 이라크의 테러사태는 이라크의 여행을 가지 않도록 할 것이며 관광사업에 악영향을 끼칠 것이다.

5 매체적 역할 사업

관광사업은 관광주체와 관광객체를 연결 및 결합시킨다. 예를 들어, 관광객(관광주체)이 스키를 타기 위해 스키장을 방문할 것이며 관광버스(관광객체)는 관광객을 스키장까지 안내할 것이다. 매체적 역할사업은 교통업, 숙박업, 휴게업, 음식업, 안내 및 정보제공사업 등이 존재한다.

6 서비스성 산업

관광사업은 무형의 서비스가 필요한 인적산업이며 노동집약적 산업이다. 관광사업은 제조업에 비하여 2배의 인적자원이 필요한 산업인 것이다. 예를 들어, 관광객의 관광지 안내를 위하여 관광가이드가 함께하는 서비스가 제공되는 경우이다.

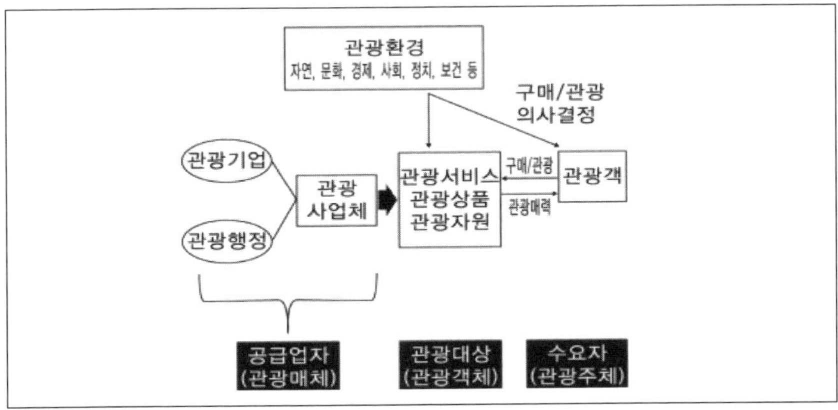

관광산업 시스템 흐름

출처: 학문명백과 : 사회과학

제 4 절 관광사업 환경변화와 향후 관심분야

1 관광사업의 환경변화

(1) 관광 인식의 변화

과거 관광산업은 외화획득 수단으로 인식되어 국가의 지원 하에 사치, 향락 등의 퇴폐관광을 가져오는 부정적 영향을 낳게 하였다. 예를 들어, 1970년대에는 석유부자 사우디아라비아의 사람들이 한국의 술집을 찾아 접대행위를 받기도 하였다.

하지만 관광산업은 90년대 중반부터 국민소득의 증대에 따른 관광인구의 증가로 관광을 중요한 여가문화로 생각되고, 중요성을 재인식하게 되었다. 그리하여 현재의 관광산업은 21세기 대표 성장산업으로 인식되고 있다.

(2) 남북관광교류 증진

금강산 관광은 남북교류 사업의 활성화에 영향을 주고 있다. 비록 남북간의 다양한 긍정・부정의 영향으로 남북관광교류가 이루어지기도 하고 끊기기도 하여 자금난에 어려움을 나타내고 있지만 장기적으로는 지속되어 나갈 것이다.

(3) 관광행태 변화

과거의 관광과는 달리, 최근의 관광행태는 가족단위관광, 체험관광의 행태로 변화되고 있다. 또한 과거의 시설중심에서 지식중심의 지식기반산업과 문화지향적 여가생활로 변화되고 있다.

(4) 풍부한 양질의 관광인력

관광산업이 유망한 미래성장산업의 하나라는 인식으로 관광에 대한 다양한 학문적 관심도가 높아지고 있다. 이에 따라 관광분야 전문교육과정이 다양하게 개설되고 있으며, 관광인력의 저변확대로 이어져 관광인력의 질적 상승을 가져올 것이다.

2 관광시장의 향후 관심분야

(1) 노년시장의 부상

한국의 노령인구는 급속히 증가하고 있으며, 그들의 경제력을 무시할 수 없는 것이다. 따라서 실버관광산업에 대한 새로운 아이템이 개발되어야 할 것이다.

(2) 유년시장의 성장

출산률의 감소, 초혼 연령의 증가, 가족중심의 라이프스타일은 탄생한 어린이에 대한 소중함이 매우 높게 평가될 것이다. 이에 따라 유년을 중심으로 하는 다양한 관광시장 즉 유년중심 여행이나 외식산업 등의 성장이 뚜렷해 질 것이다.

(3) 인터넨 활용 관광산업의 활성화

인터넷 활용은 일반적이다. SNS, 온라인 등을 통한 다양한 관광산업이 활성화되어 정보기술 활용 관광산업이 관광산업의 중심이 될 것이다.

(4) 환경중시 관광

우리나라는 국민소득의 향상으로 과거와는 달리 삶의 질 향상에 관심을 가지고 있다. 이에 따라, 관광분야에서는 생태관광, 녹색관광 등의 환경중시 관광산업의 중요성이 나타나고 있다.

제 8 장

관광정보

제1절 관광정보의 개념과 특성

1 관광정보의 개념

관광정보는 관광객에게는 관광욕구를 충족시키고 관광행동결정에 유익한 정보를 제공하고, 관광사 업자와 관광기관에게는 관광수요와 공급 그리고 관광객행동에 제공되는 정보를 말한다. 즉 "관광에 있어서 필요한 지식의 전부"로 정의되고 있다. 예를 들어, 지적 욕구가 강하고 관광경험이 풍부한 현대의 관광객들은 여행하고자 하는 관광지에 대해 상세하고 정확한 관광정보를 얻고자 한다. 관광정보는 관광객들이 목적지향적인 선택행동을 하는데 유용한 일체의 알림사항이라고 말 할 수 있다. 관광정보는 관광경험을 풍부하게 해 주고, 관광지로의 접근을 더욱 용이하게 유도한다. 또한 관광객과 관광지주민들과의 갈등을 감소시켜 주는 역할을 수행하기도 한다.

컴퓨터가 대중화되어 있는 현대는 정보라는 의미를 컴퓨터만으로 생각하기 쉽다. 하지만 관광정보는 컴퓨터가 관련된 CRS(computer reservation system)만을 포함하는 것뿐만 아니라 관광에 관한 신문이나 잡지, 구전 그리고 직접적 경험도 포함한다.

따라서 관광정보는 관광에 관한 일반적인 유용정보와 컴퓨터 관련 시스템을 말한다.

2 관광정보의 특성

관광정보는 일반생산재나 구매재처럼 일정한 형태를 지녔다고 할 수 없으며, 범위가 다양하다는 등 여러 가지 특징을 가지고 있다.

(1) 무형성

관광정보는 무형성을 지니고 있다. 관광정보는 관광지의 상황이나 정세에 대한 자세한 소식이나 자료로서 일반소비재와는 달리 손에 잡힐 수 있는 일정한 형태를 취하고 있지 않다.

(2) 가치 특정성

관광정보는 행위를 수반하는 의사결정에 있어 그것을 필요로 하는 사람에게만 가치를 갖는 지식이므로, 관계없는 사람에게는 단순한 일반지식에 불과하고 큰 변화를 초래하지 않는다.

(3) 비체계성

관광정보는 주변의 제반 상황들과 관련이 있다. 기업경영에 중요한 정보의 상당수는 원래 비체계적인 형태를 가지고 있다. 정보의 가치는 주어진 정보를 어떻게 분석하고 해석하며, 이해하느냐에 따라 달려 있다. 따라서 관광정보를 효과적으로 이해하기 위해서는 해당 관광정보의 배경 또는 상황의 이해가 중요하다.

예를 들어, 밀림을 배낭여행을 하려고 할 때, 밀림 속의 호수는 호수를 건너가는 데는 장애가 될 것이다. 하지만 호수는 물을 제공할 수 있는 것이다. 호수 주변에 나무가 존재한다면 땔감이 될 수도 있으며, 뗏목이 될 수도 있을 것이다.

(4) 가치 체감성

정보는 어떤 행위를 수반하는 의사결정을 위한 지식이기 때문에 그 역할이 열매 맺지 못하면 그 가치가 줄어드는 것은 당연하다. 특히 관광정보는 사회·경제적 변화에 매우 민감하며, 관광객의 욕구가 수시로 변화하기 때문에 적재적시에 알맞은 관광정보를 제공하지 못하면 그 가치는 당연히 감소하게 될 것이다.

(5) 변화성

관광정보업은 다른 업종과는 달리 상당한 변화를 요구하고 있다. 이것은 다양한 주위상황의 변화와 정보의 다양화로 인해 수시로 정보가 변화되기 때문이다. 일반여행상품의 경우에는 계절과 시기에 민감하지만, 어느 정도 시간적인 여유는 있다. 그러나 관광정보업은 하루가 달리 변화하기 때문에 관광정보업체는 다양한 정보를 탐색하여 이에 대해 분석해야 한다.

(6) 컴퓨터 의존성

관광 정보업에 있어서는 물론 인적 정보도 상당히 중요시 여기고 있다, 그러나 다양하고 방대한 정보를 컴퓨터를 이용한 기계에 의존하지 않고서는 불가능하다. 특히 관광에 대한 정보를 제공하고 사용하는 관광정보업의 세계에서는 자료를 저장하고 체계화시키는 것은 컴퓨터가 아니고서는 불가능하다. 관광객들은 인터넷을 통하여 다양한 정보를 보급받고 있기 때문에 컴퓨터야말로 인적 자원과는 비교할 수 없을 만큼 관광정보업에 있어서 중요한 요소가 되었다.

(7) 매체 의존성

관광정보는 각종 관련서적이나 TV광고 및 선전과 더불어 관광안내소, 관광안내판, 관광안내원, 관광안내자료, 컴퓨터통신망(인터넷) 등을 통하여 전달·제공되고 있어 매체에 대한 의존성이 높다.

관광정보화의 필요성과 전략

1 관광정보화의 필요성

국내외의 관광정보화의 환경이 변화하고 있는 가운데 관광정보화의 적극적 활용이 필요하다. 예를 들어, 관광자원은 잘 개발되고 상품화되어 관광객들로부터 이용되어야 의미가 있는 것이며 관광객들에게 이용되려면 관광자원의 정보화가 필수적이다.

(1) 의사결정에 도움을 주기 위하여

관광자원은 소비자 입장에서 보면 구매하기 위한 의사결정이 어렵다. 소비자들은 여행을 통해 많은 기대를 갖고 있고 다양한 상품을 소개받지만, 상품에 대한 확신이 부족하다. 그런 의미에서 관광자원의 정보화는 중요한 역할을 할 수 있다.

(2) 관광자원에 대한 이해로 여행의 가치 증대

관광자원의 정보는 관광객들로 하여금 여행에서 느끼는 효용 가치를 다르게 만드는 요소가 된다. 관광자원의 정보화에 따라 지출한 비용에 비해 훨씬 큰 잉여가치를 남길 수도 있고, 기대 이하의 불만족을 느끼게 할 수도 있는 것이기 때문에 중요하다고 하겠다. 예를 들어, 관광객이 목적 여행지에 갈 수 있는 지름길 정보를 알 수 있다면 그 만큼 비용 대비 수익을 가질 수 있을 것이다.

관광객들이 제대로 정보를 가지고 여행한다면 여행의 효용 가치를 높일 수 있을 것이다. 어떤 의미에서 관광자원의 정보가 돈이 될 수 있으며 정보의 양만큼 여행의 재미와 느낌을 높일 수 있을 것이다. 예를 들어, 여행지 입장료의 할인기간을 알 수 있는 정보는 관광객에게 돈을 절약하게 할 것이다.

(3) 예상치 않은 불쾌감의 감소

관광정보는 여행에서 여행과 관련된 상황 변수가 발생했을 경우 예방이 가능하다. 관광자원의 가치는 충분한데 여행자가 예상치 못한 문제를 만나 여행의 만족도가 떨어질 수 있는데 미리 정보를 통해 여행의 기대감을 충족시킬 수 있다면 불쾌감을 감소시킬 수 있는 의미에서 정보화는 필요한 것이라 말할 수 있다. 예를 들어, 관광객의 목적 관광지는 식사를 손으로 한다는 정보를 미리 알고 있다면 불쾌감이 감소할 것이다.

한편 이외에도 정보사회로의 변화 때문에, 관광업의 경쟁력 강화를 위한 전산정보의 필요성 때문에 관광정보화의 필요성을 느낀다.

2 관광정보화의 전략

21세기를 선도하는 지식기반 관광중심국을 실현시키기 위하여 체계적이고 전략적으로 실천할 수 있는 추진 전략이 요구된다. 관광정보화를 위한 추진전략은 다음과 같다.

(1) 관광지식 정보자원의 체계적 관리 및 활용 체계의 구축이다

관광정보의 지속적 창출, 공유, 활용을 위해 관광지식 정보자원의 디지털화를 추진하고, 구축된 정보에 대해 원활한 공유가 이루어질 수 있도록 기반을 조성하고 체계적인 정보 유통체계를 마련하는 것이 급선무이다. 하나의 예로는 한국관광공사의 관광통계 자료가 될 것이다.

(2) 관광자원의 지식기반형 개발 및 관리지원이다

관광자원 정보의 디지털화를 통해 관광자원관리 정책을 지원하고 관광자원 개발 및 관광상품 개발을 지원한다. 또한 관광자원 및 관광개발사업부문의 정보화를 통해 관광자원의 개발, 관리를 지원하고 관광부문의 투자확대를 유도한다. 하나의 예로는 체육관광부의 관광자원 및 개발 담당부서에서의 관광개발시스템 구축이 될 것이다.

(3) 관광산업 정보화를 통한 경쟁력 강화이다

관광산업 내 관광사업체의 정보화 수준 제고를 통해 관광산업의 지식 기반화 및 경쟁력 강화를 유도한다. 예를 들어, 정부가 업체별·지역별·기관별 관광시스템 체계화를 독려하여 시스템화에 의한 경쟁력을 강화하는 것이다.

관광사업체의 정보화 수준 제고를 위하여 관광사업체 기업정보시스템을 개발 보급하도록 하며, 민간부문 정보화 촉진을 위한 재정 지원을 확대하도록 한다. 관광산업정보 데이터베이스 구축 및 제공을 통하여 관광사업 내의 지식경영을 유도하도록 한다.

(4) 지역 관광정보화 역량을 강화한다.

효율적인 지식정보의 교류를 통해 지자체 및 지역 관광사업체의 정보화 수준을 향상시키고 지역간 정보격차를 해소한다.

o 관광정보화 시범지역(속초시) 개통식(문환관광부, 4.7)

- 문화관광부는 **유-트래블(U-Travel) 시대에 지역관광정보서비스의 기반을 구축하는 「관광정보화 시범지역 구축사업」(속초, 안동)을 완료**하고, 시범지역인 속초에서 '속초종합관광안내정보서비스 개통식'을 개최함
  ※ 유-트래블(U-Travel)은 유비쿼터스(Ubiquitous)와 여행(Travel)이 접목한 용어로 유비쿼터스 컴퓨팅을 통해 언제, 어디서나, 누구나 편리하고 신속하게 관광안내정보서비스를 받을 수 있다는 의미임

- **「관광정보화 시범지역 구축사업」**은 참여정부 관광정책 18대 과제중 하나로서 **정보기술을 활용**하여 지역의 종합관광안내정보서비스를 제공하기 위해 관광안내정보 서비스 전용 하드웨어 및 소프트웨어 등의 도입을 통해 **지역관광안내정보서비스의 기반을 마련하는 사업**임

- 본 시범사업은 한국문화관광정책연구원과 민간업체가 공동으로 지방자치단체의 관광컨텐츠를 지원받아 개발하였으며, 문화관광부는 앞으로 동 사업의 확산과 모바일 서비스를 위해 지역관광정보화 사업을 지속적으로 지원할 계획임

출처 : 한국전산원, 국내 분야별 정보화 동향, 2005.

(5) 인터넷 기반 해외관광홍보 강화 및 관광안내체계를 개선한다.

국가 관광정보 이용자가 활용할 수 있도록 관광안내정보 DB를 통합 운영하여 효율적이고 체계적인 관광안내 정보를 제공함과 동시에 관광홍보 사이트에 원천정보를 제공하여 활용할 수 있는 기반을 마련한다. 예를 들어, 해외관광객을 위한 한국관광정보시스템을 말한다.

(6) 관광정보화 관련 국제교류를 확대하도록 한다.

국제 기구, 주요 관광정보화 선진국, 해외 관광정보 기관과의 교류협력을 통해 국가관광 정보화 추진의 선진화를 도모하도록 한다. 또한 관광정보화 관련 공동협력사업의 발굴 및 추진을 통해 관광정보화 발전을 도모한다. 예를 들어, 국제 관광세미나, 국제 관광포럼 등이 해당될 것이다.

관광정보화의 기대효과와 과제

1 관광정보화의 기대효과

(1) 지역의 균형적 발전

정보통신기술의 발달은 시간적·공간적 제약을 줄이고 있다. 정보통신망의 구축방법에 따라 정보의 집중을 막고 균형적 분산이 가능하므로 지역의 균형적 발전을 가능하게 한다.

(2) 국가관광산업의 발전

우리는 이미 고임금 국가로의 진입이 가속화되어 가고 있을 뿐만 아니라 재래식 방식으로서는 도저히 생산성 향상이나 고객지향적인 획기적인 행정을 기대하기가 어렵게 되었다. 따라서 정보화를 통한 사회전반의 생산성을 극대화하여야만 국가경쟁력을 확보할 수 있을 것이다.

(3) 관광행정의 효율화

관광정보통신시스템의 이용은 관광자의 관광활동과 밀접한 관련이 있는 관광 편의서비스가 과거에 비해 훨씬 빠르고 다양하게 제공한다. 또한 관광 편의서비스의 체계화와 종합화가 추진되기 때문에 하나의 창구를 통한 상담서비스가 가능해질 것이다. 즉 관광자는 첫째, 공개된 최신의 관광정보를 신속하게 획득·이용할 수 있다. 둘째, 관광자가 요구하는 사항을 신속하게 해당 행정기관에 전달·해결을 요구할 수 있다. 셋째, 일상적인 관광정보검색을 위해 관련기관을 방문하지 않아도 된다. 셋째, 일회방문 서비스(one-stop service)가 가능하다. 예를 들어, 해외 방문을 위한 여권을 만들기 위해서는 시청에서 즉각 서비스를 받을 수 있다. 과거에는 대행업체를 통하든지 아니면 오랜 기간의 절차를 밟아야 했다.

(4) 관광자의 관광활동의 질 향상

관광정보화는 국민들이, 특히 관광활동에 필요한 관광정보를 적기에 필요한 형태로 쉽게 얻을 수 있으므로 만족감을 얻으며, 동시에 관광활동의 질이 고양된다. 예를 들어, 원격정보검색이나 상담체제가 구축됨으로써 관광자의 정보욕구 충족·각종 편의 서비스의 제공이 이루어진다. 또한 유용한 관광관련정보를 통해 항공권이나 숙박 예매를 하는데 있어서 직접 도움을 받을 수 있는 점 등이다.

2 관광정보화의 과제

(1) 과대광고

고객의 방문이 생략된 채 인터넷을 통해 거래하기 때문에 화려한 페이지 구성과 과장된 상품광고는 많은 고객을 현혹시킬 수 있다. 시장에서의 지나친 기업경쟁은 과대광고의 부작용을 초래하기 쉽다.

(2) 보안문제

외부의 침입자로부터 서버 및 DB를 보호해야 하기 때문에 실시간 해킹탐지 및 보안관리시스템이 설치되어야 한다. 또한 인터넷상에서 송수신되는 소비자의 신용정보 및 지불정보를 안전하게 보호하는 것이 필요하다.

(3) 관광정책 목표달성을 위한 정보화

관광정책목표를 위한 정보화란 글자 그대로 관광정책의 목표를 달성하는 수단으로서의 정보화를 말한다. 컴퓨터의 도입과 사무자동화의 추진 및 개인 컴퓨터 그리고 워드프로세서의 도입이 이루어지고 시스템화와 네트워크화 혹은 온라인화가 추진되어야 할 것이다. 또 팩시밀리가 설치되고, CATV가 설치되어 VAN이나 LAN 그리고 ISDN 등의 형성이 이루어져야 한다.

(4) 관광정보의 분권화

관광정보의 과제로서 관광정보의 분권화체제를 구축하는 것이다. 관광정보의 분권화 체제를 구축하기 위해서는 관광정보를 자체적으로 생산하여 정보를 공급할 수 있는 능력, 의사결정과정에서의 관광정보를 종합적으로 다룰 수 있는 능력, 관광지 지역 내의 관광정보기반의 구축, 이상의 3가지 요건을 갖추지 못할 경우 이를 해결하려는 지역사회의 노력이 있어야 할 것이다. 특히 관광정보화로 진전하면서도 지방정부를 중앙정부의 관광정보에 종속시키지 않는 전략은 다음의 전략으로 요약할 수 있다.

1) 지방정부의 관광정보 생산, 공급능력의 향상

관광정보생산의 부가가치가 큰 부문, 예를 들어 관광지정보, 문화재해설 등의 부문이 지방에서 정착하기 위해 중앙정부의 배려가 요구된다. 그것은 각 지방의 정보생산능력과 공급능력이 그 지방 단독의 힘으로는 상당히 어렵기 때문이다. 그리고 각 지역이 주체적으로 관광정보를 수집, 선택, 축적하여 지역실정에 맞게 활용해야 할 것이다.

2) 전문인력의 확보

관광정보기반을 구축하기 위해서는 전문인력의 확보가 시급하다. 정보사회에 대응한 지역의 전문인력을 육성하기 위해서는 학교교육, 사회교육에서의 교육내용의 충실 및 가르치는 교사의 양성, 정보요원 육성기관의 지방분산을 도모하며, 관광정보교육에 관한 세미나 등을 지방에서 개최하는 것이 필요할 것이다.

(5) 효율적인 관광정보 시스템의 구축

효율적인 관광정보 시스템의 구축이다. 이를 위한 전략으로는 다음의 3가지를 들 수 있다.

1) 공공부문의 관광정보 시스템 구축

우선 중앙정부수준에서 그리고 지방정부수준에서 정보화가 이루어져야 할 것이다. 관광정보 시스템의 구축 없이 관광정보화를 한다는 것은 모래위에 집을 짓는 것과 같다.

2) 관광정보화에 대한 인식전환

관광정보화에 대한 명확한 인식 없이 관광정보 시스템을 구축하면 오히려 역효과를 초래할 수 있다. 따라서 행정가 및 정책담당자들의 관광정보화에 대한 인식의 전환이 필요하며, 아울러 관광자의 관광정보화에 대한 의식의 변화도 유도해야 한다.

3) 관광부문 데이터베이스 구축

관광관련부문의 각종 데이터베이스의 구축이 필요하다. 전국규모의 데이터베이스 구축과 함께 지역 데이터베이스의 구축이 네트워크 사회의 필수불가결한 사항이다.

관광정보의 분류와 구성요소

1 관광정보의 분류

정보의 범위는 상당히 광범위하기 때문에 명확하고 체계적인 분류가 어렵기는 하지만, 정보의 주기, 제공방식, 이용주체, 정보소재지, 제작목적 등을 기준으로 하여 대략적인 분류가 가능하다. 〈표 8-2〉는 관광정보를 분류하여 나타낸 것인데, 이러한 관광정보의 분류에는 다음과 같은 몇 가지 원칙이 있다.

첫째, 정보이용자에 의한 정보의 효과적인 활동에 그 목적이 있기 때문에 이용자 지향적이어야 한다.

둘째, 정보항목의 누락방지를 위해 포괄적이어야 한다.

셋째, 분류 영역간에 혼선방지를 위해 분류영역은 명확해야 하고, 균형이 있어야 하며, 그 내용에 맞는 적절한 명칭은 정보항목을 대표해야 한다.

넷째, 정보이용자의 필요에 따라 정보항목의 선정은 우선순위가 있어야 한다.

다섯째, 관광정보의 분류는 주어진 상황에 따라 조정이 가능해야 하므로 상황적이어야 한다. 관광정보에 대한 분류 방식은 매우 다양하고 그 나름대로의 특징을 지니고 있어 어느 하나만을 가지고 모든 정보를 수용하기에는 부족하므로 상호 절충식 분류방법이 가장 바람직하다고 할 수 있다.

표 8-2 관광정보의 분류

분류 기준	정 보 명	특 성
정보주기	동태정보	해당정보의 갱신 시기가 일간 · 주간 · 월간 · 연간 등으로 나누어지는 정보
	정태정보	관광지의 소재, 위락시설의 종류 등과 같이 갱신될 수 없거나 그 정도가 약한 정보
제공방식	직접정보	관광기업이나 기관에서 광고나 간행물 등을 통하여 관광자에게 의도적으로 전달하는 정보로서 관광자 유치를 위해서 또는 관광행동의 변화를 가져올 목적으로 전달
	간접정보	친구 · 친지의 이야기, 시나 기행문 등의 일반문헌, 지리 · 역사 · 경제 등의 학습 자료와 잡지 · 신문 · 라디오 · 텔레비전 등의 대중매체를 통한 정보로서 관광목적으로 만들어지지는 않지만 관광자에게 더 큰 영향을 미칠 수 있는 정보
이용주체 특성	공공기관 정보	관광정책 결정에 필요한 공공기관용 자료, 방한외래 관광자 수 , 1인당 도시공원 비율
	학술정보	관광관련 교통비, 접근소요시간, 연간 휴가일수 등에 관한 정보
	사업정보	연간투숙률, 평균체제일수, 이용자 수, 참여율 등의 정보
	일반인정보	숙박시설안내, 편의시설 및 관광지의 소재 등의 정보
정보 소재지	국내정보	국내관광지의 소재지, 국내관광 참여율, 숙박시설 등의 정보
	국외정보	다른 나라들의 국외관광자 수, 숙박현황, 국외여행경비 등의 정보
관광자 지향	관광자 지향정보	관광자를 위한 업체의 의도적인 메시지 구성을 의미하며, 해설 · 안내책자 · 잡지기사 · 여행지도 등을 포함하는 관광지향 자료
	관광자 비지향정보	관광목적을 위해 제작되거나 유통되지 않지만 관광자에게 상당한 영향을 미칠 수 있는 형태의 정보. 가장 중요한 비지향적 정보원은 친구와 친지이며, 또한 일반문헌도 역시 관광자의 의사결정에 커다란 영향을 미친다.

2 관광정보의 구성요소

(1) 항공 관광 정보업

항공업무에 있어서 관광정보는 필수이다. 특히 항공예약을 비롯한 숙박예약과 관광지 내의 예약까지 최첨단 관광정보시스템을 자랑하고 있다. 항공관광정보는 항공정보뿐만이 아니라 종합여행정보시스템으로서의 기능을 하고 있다. 대표적인 항공정보시스템으로는 대한항공의 토파즈(TOPAS: Total Passenger Service System)와 아시아나 항공의 아바쿠스(ABACUS)가 있다. 토파즈는 항공권예약과 발권기능을 중심으로 항공여행에 필요한 제반 서비스를 제공하는 컴퓨터예약시스템이다.

(2) 호텔 관광 정보업

관광객이 하루 이상 관광지를 방문할 시 우선적인 과제는 숙박의 문제이다. 이러한 과제를 해결하기 위해서는 관광지의 숙박에 대한 종합적인 정보가 필요하며, 관광지에 도착하기 전에 관광객에게 정확한 정보를 제공하여 이를 사업화하는 것이 호텔 관광 정보업이라고 할 수 있다. 호텔 내에서도 의사결정을 효율적으로 하기 위해서 호텔에 필요한 정보를 효율적으로 처리하기 위한 정보시스템이 필요하다.

(3) 여행 관광 정보업

여행사를 통한 관광정보는 관광객이 관광지 선택 시 기본적으로 얻고자 하는 정보이다. 이러한 여행정보는 근래 여행사를 통해 일부 시도되고 있으며, 현재는 여행소매점, 랜드사 등이 ID를 부여받아 이 시스템에 접속할 수 있도록 되어 있지만, 해외 관광 웹 사이트와 연계하여 누구든지 여행상품을 선택 할 수 있도록 구성하고 있다.

(4) 관광목적지 정보시스템(DIS: Destination Information System)

국가나 지방자치단체 등과 같은 공공기관 또는 국가의 관광기구(NTO)는 관광목적지에 대한 정보를 제공하기 위한 시스템을 구축하고 있다. 또한 특정 관광목적지에서 자체적으로 개발하거나, 개인이 제공하는 시스템도 있다. 관광목적지 정보시스템(DIS: Destination Information System)의 종류는 다음과 같다.

① **중앙집중형**: 공급자와 이용자가 직접 연결되어 정보를 제공하고, 국가적인 차원에서 관리가 이루어지고 있다.

② **지역집중형**: 특정 지역의 관광정보만을 커버하는 경우로 국가적 차원에서 지원되지 않고 각 지방자치단체에서 주로 지역 수준에서만 활용한다.

③ **지역간 네트워크형**: 하나의 DIS가 자체 데이터베이스를 가지고 있으면서 다른 지역의 시스템과 연결되어 네트워크를 형성한 경우로 각 지역간 DIS가 온라인으로 연결되어 국가적인 정보 제공이 가능할 수 있다. 그러나 정보표준화가 어려운 점과 각 지역 간의 긴밀한 협력이 전제되어야 한다. 공공기관의 관광정보시스템은 중앙정부와 지방정부와의 종적 조직이 연결되고, 또 각 지방자치단체 간의 수평적 시스템이 서로 연계되어 있을 때 높은 효과를 발휘하고 지속적인 관리가 가능하다.

관광정보의 중요성과 전망

1 관광정보의 중요성

관광정보의 가치는 이용자가 어떻게 정보를 이용하느냐에 따라 다르다. 비록 제공되는 관광정보가 객관적으로 입증된 정보라 할지라도 결국은 관광자의 의사결정에 미치는 영향과 관광욕구 충족의 정도에 따라서 그 가치가 결정된다고 할 수 있다.

관광목적지를 선택하고자 정보를 수집하는 과정은 대부분 두 가지 과정을 거친다.

첫째는 주로 가용시간, 경제적 능력, 가족상황 등의 제한인자 내에서 선택된 대안목적지를 확인할 충분한 정보를 수집한다.

둘째는 대안목적지를 마음속에 결정하고 다른 유형의 정보를 수집한다. 이러한 절차를 위한 관광정보는 잠재적 관광자에게 목적지 효용에 의한 각 대안의 평가를 가능하게 해주기 때문에 잠재적 관광객에서부터 매우 중요한 연결물로서의 역할을 하고 있다. 또한 관광정보는 관광객의 만족과 직결된다 할 수 있다. 즉 관광지의 현 상황을 정확하게 알려줌으로써 관광객으로 하여금 사전에 준비를 하도록 해주기 때문이다. 따라서 관광정보는 관광객 차원뿐만 아니라 관광지를 관리하는 관리자의 입장에서도 매우 중요한 매체인 것이다. 예를 들어, 목적관광지에 대한 정확한 정보는 관광객의 수요를 창출할 것이고, 관광지 관리자는 수익을 낳게 될 것이다.

2 관광정보의 전망

(1) 관광정보의 발전방안

1) 관광정보상품의 개발

관광정보시스템 서비스 제공자는 사용자가 더 편리하고 유용하게 정보습득을 하려는 욕구를 만족시키기 위하여 정보시스템의 서비스 품질확보에 주력하여 관광정보상품을 개발해야 할 것이다.

관광 정보업은 관련소재, 곧 관광정보를 결합하고 체계화시켜 상품화함으로써 관광객, 관광사업자, 관광기관간의 매개활동을 주업무로 하는 기업이다.

2) 관광정보 전문인력의 양성

사회 전반의 급속한 변화와 인터넷의 등장으로 인한 다양한 정보의 보급은 보다 저렴한 비용으로 정보화의 속도에 박차를 가할 것으로 보이며, 관광산업분야에도 예외일 수는 없다. 최근 관광정보에 대한 관심과 지속적인 노력은 기울이고 있지만, 관광정보업과 관련된 관광정보 시스템분야의 전문인력에 대한 양성과 관심은 부족한 실정이다. 관광산업은 서비스 측면에서 제조업과는 많은 차이점을 가지고 있다. 관광정보시스템은 실용적 측면을 고려해 프로그램의 설계 및 활용에 대한 실력을 갖춘 전문인력의 양성이 필요하다.

3) 관광정보 인프라 구축

관광정보 인프라 구축은 관광정보업 분야에 있어 사이버상에서의 과도한 경쟁이나 마케팅비용의 절감을 위한 주요수단으로 작용할 수 있을 것이다. 국내외 전문 관광정보업체들이 상호 컨소시엄을 형성하여 시너지효과를 극대화 할 수 있을 것이다. 특히 사이버여행사의 경우 인지도에서의 열세와 상품기획, 전문성부문에서의 한계를 극복하기 위해 포털 사이트 또는 오프라인 여행사와의 다양한 전략적 제휴를 적극적으로 모색해야 할 것이다.

공공기관의 관광시스템은 중앙정부 내 횡적체계, 중앙정부와 지방자치단체와의 종적시스템 및 지방자치단체 상호간 연계시스템이 중심을 잡아야 한다. 정부, 지방자치단체와 공기업, 민간기업간 연계성 확보와 대기업과 관광중소기업간 연계시스템 개발도 중요과제이다. 지방자치단체가 경쟁적으로 생산하는 축제, 박람회, 이벤트의 구조조정도 관광시스템의 종・횡적 연계에서 해결해야 한다.

특히 관광관련업체의 영세성과 정보화 마인드의 미흡은 서비스산업이 개방되는 현실에서 경쟁력 약화의 원인이 될 것이므로 동종업체간의 협력체제를 도모하여 정보화를 적극 추진해야 할 것이다.

4) 보안문제의 해결

현재 국내 관광정보시장은 규모가 작기 때문에 아직까지는 인터넷상의 지불에 대한 사건이 미비하지만, 규모가 커질 경우에는 전문 범죄가 급증할 것으로 예상된다. 완벽한 보안시스템의 부재는 전자상거래가 발전해 가는 과정에서 큰 보안관련 사건이 하나 발생할 경우에 자칫하면 전자상거래시장이 붕괴될 위험까지 있다. 따라서 이와 관련한 지속적인 관심을 가져야 할 보안에는 크게 두 가지 측면이 고려되어야 한다.

첫번째는 외부의 침입자로부터 서버 및 DB를 보호해야 하는 것으로, 이를 위해서 실시간 해킹탐지 및 보안관리시스템을 개발하여 해킹을 근절시켜야 할 것이다.

두번째는 인터넷상에서 송수신되는 소비자의 신용정보 및 지불정보를 안정하게 보호하는 것으로 이를 위해서는 암호기술을 발전시켜야 할 것이다.

(2) 관광정보의 전망

21세기는 디지털화된 정보에 기반을 둔 사회이다. 특히 모든 관광사업은 인터넷의 폭넓은 보급으로 컴퓨터를 통하지 않고서 그 기능을 다하지 못할 정도로 전 부문에 걸쳐 네트워크를 형성하고 있다. 따라서 인터넷을 이용한 전자상거래는 더욱 일반화될 전망이다.

정보기술의 발전은 끊임없이 새로운 관광서비스를 창출하고 있다. 향후 수년 내 구미 선진국에서는 비자와 항공권이 필요 없는 국외여행이 가능할 것으로 전망되고 있다.

이와 같이 향후 관광산업에 중요한 영향을 미칠 정보기술 발전 전망으로는 다음과 같은 것들을 꼽을 수 있다.

1) 인터넷을 활용한 정보제공 서비스

인터넷을 활용한 정보제공 시스템은 제공장소의 구애를 받지 않을 뿐만 아니라 이용자의 측면에서도 전 세계 어디에서나 이용가능하다는 측면과 별도의 하드웨어 시스템을 구축하지 않아도 된다는 측면에서 더욱 활용이 많아질 것으로 예상 되어 진다.

2) 관광안내정보 제공부분의 경쟁심화 예상

외국의 관광청은 물론, 도시의 행정부처들은 자국의 그리고 자기지역의 홍보와 관광객 유치를 위해서 인터넷에 웹사이트를 개설하여 활용하고 있다. 특히 관광안내정보의 효율적 제공을 통하여 관광객 유치를 꾀하고 있는데, 관광안내정보의 양적, 질적 수준이 매우 중요한 역할을 하고 있다.

3) 실시간예약 시스템으로의 변화

숙박, 교통, 여행상품 등을 한 자리에서 바로 예약이 가능한 편리한 사이트들이 계속 많아짐에 따라 대부분은 회원등록(무료)을 한 후에 예약이 가능하도록 하고 있으며, 결제 수단으로는 신용카드가 가장 많이 사용되고 있다. 그러나 현재 업체에서 제공하는 정보들은 대부분 간접예약 시스템을 채택하고 있다. 그러나 예약 시스템의 발달로 점차 실시간 예약 시스템으로 변화될 것이다.

4) 위성 티켓 프린터

호텔, 사무실 로비, 공공장소 등에 설치 할 수 있도록 설계된 항공권 발급기는 현재 미국여행사의 약 12%가 이를 설치하고 있다. 아직까지 일반여행자가 이 기계를 이용하여 티켓을 발급받으려면 사전에 여행 대리점을 통하여 예약하여야 하지만, 향후에는 여행 대리점이 아닌 곳에서도 이 시스템이 도입될 것으로 전망된다.

5) 자동 항공발권기

자동 항공발권기는 항공수요가 많은 미국 국내선 편도 항공권을 판매하기 위해 도입된 항공운항 스케줄이나 요금 등에 대한 정보를 제공 받을 수 있을 뿐만 아니라 항공권과 탑승권 발권이 가능하다. 이 시스템은 여행사의 고유 영역을 침해할 소지가 있다는 이유로 여행업계가 반발하고 있다.

6) 여행체크

CRS를 이용하여 가장 저렴한 항공요금을 탐색해내는 소프트웨어이다.

7) 항공권 없는 탑승 서비스

이 서비스는 전화를 통해 항공권을 예약 한 후 탑승구에서 예약 번호와 신분증만 제시하면 탑승이 가능하도록 해서 항공권의 발권절차와 이에 소요되는 시간을 생략시켰다.

향후 관광산업의 국제화와 대형화는 관광정보 통신분야의 획기적 발전과 뒷받침을 요구하고 있고, 개인적인 관광정보, 획득욕구도 상당히 높아지고 다양화될 전망이다.

제9장

여행업

여행업의 개념과 기능

1 여행업의 개념

여행업의 아버지가 토마스 쿡이라는 사실은 이미 근세 관광의 역사에서 설명하였다. 토마스 쿡은 1841년 금주운동을 위하여 철도여행업을 시작하였다. 일반인으로부터 참가자를 모집하고 알선한 것이 쿡이 최초였던 것이다. 하지만 근세 관광이 성립되기 이전의 시대인 5-6세기경에도 이미 순례자를 팔레스티나까지 배로 나르기 위한 "예약업무"가 베니스에서 이루어지고 있었다고 한다. 중요한 것은 영국의 토마스 쿡은 값싼 요금으로 여행을 제공하는 오늘날의 패키기 투어로서 여행상품을 기획하고 투어 콘덕터(TC: tour conductor)의 배치 업무를 체계적으로 실시한 최초의 사람이었다.

우리나라의 최초 여행사는 1910년 압록강 가교공사의 준공개통으로 철도 이용객이 증가함에 따라 재팬 투어리스트(J. T. B)가 1914년에 조선지사(현 대한여행사의 전신)를 설치한 것이 시초이다. 그 후, 광복이 되면서 1950년을 전후로 대한여행사가 새롭게 창설된 것이다. 1961년에 "관광사업진흥법"이 제정·공포됨으로써 제도면의 체제정비가 이루어졌으며, 1962년에 국제관광공사(현재의 한국관광공사)가 설립되고 대한여행사를 인수하여 경영하게 되면서 여행업이 활발하게 운영되기 시작하였다.

관광진흥법 제 3조에 의하면, 여행업이란 여행자 또는 운송시설·숙박시설, 그 밖에 여행에 딸리는 시설의 경영자 등을 위하여 그 시설 이용 알선이나 계약 체결의 대리, 여행에 관한 안내, 그 밖의 여행 편의를 제공하는 업을 말한다. 즉 음식·숙박업, 교통업 등과 같이 여행객을 대상으로 사업을 전개하는 시설업자와 여행객의 중간에 위치하면서 여행객을 위해 여행객의 시설이용과 관련된 예약과 수배 및 알선, 여행안내, 계약 체결의 대리, 기타 여행편의의 제공뿐만 아니라 여행업 고유의 여행상품을 생산 및 판매하는 업을 말한다.

2 여행업의 기능

(1) 상담기능

여행업은 상담기능으로부터 출발한다. 즉 여행자를 위하여 정보를 수집하고, 여행 상담을 하며, 여행상품에 대한 설명을 하는 기능을 말한다. 최근 정보 전달 매체가 활성화되어 그 기능이 줄어들고 있다. 따라서 여행사는 전문적인 상담을 통해 여행객을 유치하고 상품판매를 증대시키기 위해서 전문성을 가진 유능한 상담요원을 양성해야 할 것이다. 여행업 종사원은 부단한 자기계발을 하여 전문지식과 경험을 늘려 상담업무의 질을 높여야 한다.

(2) 예약 · 수배기능

여행자를 위한 대리인으로서 여행업의 예약과 수배기능은 가장 중요한 기능이라고 할 수 있다. 여행업의 초기단계에서 여행업은 항공좌석이나 숙박시설의 객실에 대한 예약상태를 파악하여 이 정보를 고객에게 제공하고 예약 · 수배를 한다. 여행사는 사전에 조사된 자료를 바탕으로 고객의 요청에 즉시 회답하여야 한다.

(3) 판매기능

여행사의 판매를 구분하자면 외판과 창구판매로 구분된다. 외판은 판매원이 예상여행객을 찾아가 대면접촉을 해서 여행상품을 구매하도록 설득하고, 구매결정을 하도록 유도한다. 창구판매는 여행상품의 선전, 광고 및 진열 등과 같은 수단의 조력을 받아 여행객을 카운터로 유도하여 여행상품을 판매한다.

(4) 수속대행기능

여행사가 여행에 필요한 제반수속을 여행자를 대리하여 여권과 사증취득 수속과 해외여행보험 가입수속을 대행해 주는 것이다. 국외여행을 할 경우 여권이 반드시 필요하고, 사증도 필요하기 때문에 여행객을 위해서 여권과 사증 등을 대행해 주는 것은 꼭 필요한 기능이다.

(5) 발권기능

예약에 부수되는 업무로 여행관련시설업자로부터 항공권, 숙박권, 승차권 등을 판매위탁 받아 쿠폰을 발권하는 기능이다. 특히 국외여행에 있어 항공권 발권업무가 중요하며, 여행일정표의 작성과 항공권 운임계산 등의 업무가 수행된다.

(6) 여정관리기능

여행일정을 예정대로 원활히 진행시키는 기능으로 국내외여행 안내서비스가 이에 해당된다. 국외여행의 경우 여행인솔자를 동반시켜 여행의 원활한 진행을 도모한다. 인솔자의 능력은 여행에서 쾌적성과 안전성을 확보하고, 여행객에게 최대한의 만족을 주기 위해서 중요하다.

(7) 정산기능

여행비용의 원가계산, 견적, 청구, 지불 등 정산과 관련한 제반 기능이다. 따라서 학생들은 회계원리, 관광회계 및 세무, 관광투자분석 등의 교과목 습득이 필요할 것이다.

여행의 종류

1 여행목적에 의한 분류

특수목적여행과 순수관광여행으로 나뉜다. 특수목적여행은 순수목적여행과는 다르게 일과 관련된 여행을 통하여 관광을 실현하는 것이다. 특수목적여행은 공적여행과 사적여행으로 구분한다. 공적여행은 공무출장, 시찰, 회의참가 등을 위한 여행을 말하며, 사적여행은 상용, 경조, 연구, 조사, 방문 등의 목적을 가진 여행을 말한다.

순수관광여행은 오락, 레크리에이션 등을 중심으로 하는 여행으로 역사적 유물, 풍광, 보건 등의 내용이 포함되어 여행한다.

2 여행규모에 의한 분류

개인여행과 단체여행으로 나뉜다. 개인여행은 9인 이하로 여행자의 개인의사에 따라 여행대상과 일정을 정하고 항공, 숙박, 식사에 대한 예약을 여행사에 의뢰하여 여행을 실시한다. 개인여행은 개인의 의사가 충분히 고려되고 일정의 변경이 비교적 자유로우나 가격의 상승과 시간적인 손실이 나타나기도 한다.

단체여행은 여행의 규모가 10인 이상의 여행을 말하며, 여행사가 주체가 되어 단체의 성격에 가장 부합되는 여정과 가격 그리고 제반사항을 준비하여 실행한다. 단체여행은 단체할인으로 가격이 비교적 저렴하고 꼭 방문해야 할 곳을 경제적인 원리로 실행하기 때문에 시간의 손실이 적다. 하지만 개인의 의사가 다소 무시되며 일정변경이 되지 않는다.

개인여행은 계절적 수요변동과 무관하게 개인의 필요에 따라 진행되기 때문에 여행업자는 안정된 수입원을 가질 수 있다. 하지만 개인의 취향을 고려해야 하기 때문에 업무가 복잡하고 수익률이 적다. 반면에 단체여행은 계절적 변동이 심하여 불안정적인 수요를 나타낸다. 하지만 수익률이 높고 여행사가 주도하기 때문에 업무의 효율화가 존재한다.

3 여행기획 주체에 따른 분류

여행의 기획을 누가 하느냐에 따라 주최여행, 공최여행, 첨부여행으로 나뉜다. 주최여행은 여행사가 중심이 되어 여행일정, 가격, 여행조건 등을 미리 정하고 홍보하여 고객을 모집하는 단체여행을 말한다.

공최여행은 여행사와 고객이 여행에 필요한 조건들을 상의하여 진행하는 여행을 말한다. 여행의 기획자는 여행사와 고객 모두가 개인의 의사를 제시할 수 있다.

첨부여행은 고객이 여행의 기획자가 되어 고객의 생각을 여행필수요소로 하여 여행사에게 경비를 제안받아 실시하는 여행을 말한다. 즉, 고객은 특정한 선택이나 숙박시설 그리고 식사 등에 관한 내용을 여행사에 통보하면, 여행사는 견적을 제시함으로서 여행이 성사되는 것이다.

4 안내원의 역할범위에 따른 분류

I. I. T.(Inousive Independent Tour)과 I. C. T(Inclusive Conducted Tour)으로 나뉜다. I. I. T.란 안내원이 관광지에서의 안내만 담당하고, 그 이외는 고객이 단독으로 여행하는 방법이다. 여행자가 안내원의 도움없이 여행하기 때문에 FIT(Foreign Independent Tour)라고도 한다. 여행자는 여행에 필요한 숙박, 식사, 교통수단 등의 모든 사항을 스스로 결정하며, 필요에 따라 관광지에

서 현지 안내인을 고용하여 여행한다. 이것은 현지가이드 여행이기 때문에 Local Guide System이라고도 한다.

I. C. T는 여행의 전체일정을 안내원이 인솔하여 여행하는 행태를 말한다. 안내원이 함께하면서 여행 일정의 모든 진행을 주도하게 된다. 단체여행에서 많이 나타난다. 또한 단체여행은 안내인이 동행하기 때문에 FET(Foreign Escorted Tour)라고도 한다.

5 단체의 성격에 따른 분류

패키지 투어(Package tour)와 인센티브 투어(Incentive tour)로 나뉜다. 패키지 투어는 방문지, 교통, 호텔, 식사 등을 여행사에서 미리 정하여 홍보하고 고객을 모집하여 여행을 진행하는 것을 말한다. 단체의 구성원들은 서로를 잘 알지 못하며, 연령과 직업도 다양한 층으로 형성되어 있다.

인센티브 투어는 회사 직원의 복지차원에서 실행하는 보상적 성격의 관광을 말한다. 패키지 투어와는 다르게 단체 구성원들이 서로 유사한 친근감을 가지고 있다는 것이다.

여행업의 종류

1 법규상의 분류

(1) 일반여행업

일반여행업이란 내국인의 국내여행 · 국외여행과 외국인의 국내여행 등을 대상으로 영업이 가능한 여행업으로, 내국인의 국내여행을 담당하는 Domestic업무와, 내국인의 국외여행을 담당하는 Outbound업무, 외국인의 국내관광을 담당하는 Inbound업무로 나뉘게 된다.

(2) 국외여행업

국외여행업은 내국인의 국외여행을 대상으로 영업이 가능한 여행업이나.

(3) 국내여행업

국내여행업은 내국인의 국내여행을 대상으로 영업이 가능한 여행업으로 국내여행 예약뿐만 아니라 국내선항공권과 철도승차권 대매 및 전세버스 예약 등의 영업을 함께 하는 경우가 많다.

2 유통구조상의 분류

여행업은 유통형태에 따라 종합여행업, 도매형여행업, 소매형여행업, 직판형여행업, Land Operator로 분류된다.

(1) 종합여행업

국내여행 및 국외여행과 관련된 모든 업무를 포괄적으로 수행하는 여행업으로 직판, 도매 및 소매뿐만 아니라 타사의 여행상품도 병행하여 판매하고 있다. 예를 들어, 하나투어(주)는 자체적으로 직판도 하고, 각 지역에서는 개인여행사이지만 하나투어의 이름을 가지고 여행상품을 팔기도 한다. 또한 타여행사들과 연합하여 여행상품을 팔기도 한다.

(2) 도매형여행업

다양한 여행상품을 다수의 소매형 여행업자 대상으로 판매하는 여행업을 말한다. 이런 유형의 여행업자는 여행상품 기획, 상표화, 객실 및 항공권 확보 등에서 경쟁력을 확보하여 소매형 여행업자를 지배할 수 있을 경우에 발전 할 수 있다. 우리나라는 직판형 영업이 일반화 되고 있어 점차 도매형여행업의 기능이 축소되고 있는 실정이다. 예를 들어, 모두투어(주)가 항공사의 항공권을 대량으로 확보해 놓은 상태에서 소규모 여행사에 그 티켓을 도매하는 경우이다.

(3) 소매형여행업

도매형여행업자로부터 여행상품을 제공받아 최종 소비자인 여행객을 대상으로 판매하는 업을 말한다. 소매업자는 다수의 도매업자로부터 여행상품을 제공받기 때문에 다양한 상품을 취급할 수 있는 장점이 있다. 이 경우 소매형 여행업자는 도매형여행업자로부터 일정한 수수료를 받는다. 예를 들어, 원주지역의 제일여행사(주)는 다양한 여행사로부터 여행상품을 제공받아 관광객에게 판매하는 것이다.

(4) 직판형여행업

독자적으로 여행상품을 개발하여 직접 판매하는 형태로서 원칙적으로 도매업 기능이나 소매업 기능은 수행하지 않는다. 예를 들어, 보물섬 투어(주)는 대형 여행사에 비하여 지명도가 떨어진다. 따라서 도매형 기능을 수행하지 않는다. 오직 자신의 회사에서 개발한 상품만을 직접적으로 관광객에게 판매한다.

(5) 랜드 오퍼레이터

우리나라에서 정착된 독특한 유통채널의 하나이다. 랜드 오퍼레이터는 여행업자로부터 의뢰를 받아 여행목적지의 여행활동과 관련된 숙박, 식사, 교통, 여행, 안내 등을 대행해 주는 지상 수배업자를 뜻한다. 일반적으로 항공 좌석은 여행사가 수배하고, 다른 모든 수배 및 안내업무는 랜드 오퍼레이터가 담당하는 경우가 대부분이다. 따라서 랜드 오퍼레이터는 불특정 여행객이 아니라 여행사를 대상으로 영업하며, 여행상품의 판매라기보다 기능의 위탁측면이 강하다. 예를 들면, 롯데관광(주)가 필리핀의 오지상품을 개발하여 관광객을 모집한 후, 필리핀 오지의 지역 전문 여행업자에게 위탁하여 관광상품을 실행하게 된다. 이러한 경우의 필리핀 현지 전문 여행업자를 랜드 오퍼레이터라고 한다.

3 특성에 따른 분류

(1) 메디아 광고형 여행사

비교적 여행시장 진입에 가장 빠른 방법인 광고로써 시장진입을 시도하는 여행사를 말한다. 이러한 여행사 대부분은 시장에서의 경영활동이 주로 상품광고중심으로 되어 있어 많은 시장인지도를 얻었다 하더라도 계속 상당기간동안 광고를 지속적으로 하지 않으면 현재의 매출액을 유지시켜 나가기 어려운 여행사이다. 또한 자사의 브랜드지명도는 소비자에게 쉽게 잊혀져 버리고 시장인지도와 점유율이 급격히 떨어질 우려도 있다. 예를 들어, 모두투어(주)는 각 종 일간지에 여행상품을 지속적으로 광고한다.

(2) 공격적 기존여행사

일정한 시장점유율을 차지하고 있는 시장선도업체 여행사를 말한다. 일정한 연간 광고비용을 책정하여 신문 등의 대중매체를 이용 지속적인 광고와 더불어 인적 판매와 DM형태의 영업활동을 병행하여 공격적인 마케팅으로 영업하는 여행사를 말한다. 예를 들어, 자유투어(주), 모두투어(주) 등은 신문뿐만 아니라 SNS, DM 등을 통하여 땡처리 상품 등을 판매하는 경우이다.

(3) 보수적 기존여행사

이미 시장선도업체로 안정적 경영과 재무성과의 향상을 위해 광고비용을 지속적으로 줄여 나가는 여행사를 말한다. 다양한 여행상품의 포트폴리오를 갖고 있고 수동적인 마케팅전략을 구사하는 것이 특징이다. 세분시장의 성격에 맞추어 다양한 영업활동을 하는 조직으로 구성되어 있어 지속적인 영업활동과 실적을 갖고 있는 여행사라 볼 수 있다. 예를 들어, 하나투어(주)는 대한민국 1위 여행사이기 때문에 타 여행사에 비하여 보수적인 측면이 존재한다.

(4) 대기업계열 여행사

비교적 안정적인 재무구조를 기반으로 과다한 마케팅 비용을 사용치 않고 패키지 여행시장에 진입하여 영업의 직접비용이 다른 여행사에 비하여 경제적으로 운영할 수 있는 대기업계열 여행사이다. 대체로 자체 계열기업 또는 유관기업체에서 발생되는 해외출장 및 연수 또한 사원가족여행 등의 업무를 중심으로 재무성과를 지속적으로 유지하고 있다. 예를 들면, 한진관광(주)는 한진그룹이기 때문에 타여행사에 비하여 유리한 입장이다.

(5) 사이버 여행사

인터넷의 보급에 의해 홈페이지에 의한 온라인 판매로 주로 영업을 하는 새로운 조류의 여행사이다. 인터넷은 통합적인 정보환경과 더불어 쌍방향, 리얼타임의 정보전달을 가능케 하여 여행상품의 판매에 큰 영향을 미칠 것이라고 예상되고 있다. 예를 들어, 온라인 투어(주)는 사이버 전문 여행사로서 인터넷을 통하여 다양한 상품을 판매하고 있다.

여행업의 특성과 경영조직

1 여행업의 특성

(1) 구조적 특성

1) 입지적 특성

여행사의 사무실은 다른 업종보다 고객이 찾기 쉽고 고객의 눈에 띄는 곳에 위치하여야 한다. 용이한 접근성은 여행상품의 구매여부의 중요결정요소가 되기 때문에 대부분 여행사가 중심가에 위치하고 있다.

2) 노동집약적 특성

여행산업의 서비스는 컴퓨터, 사무자동화 내지 기계화 등으로 대체되기 어렵다. 따라서 노동력의 의존도가 높다. 예를 들어, 특급호텔의 직원들을 모두 자동화, 기계화 한다면 매우 삭막한 호텔이 될 것이기 때문이다.

3) 인간위주 경영의 특성

여행사의 모든 직원은 관광에 대한 제반지식, 여행상품의 구체적 내용을 숙지하고 있어야 한다. 여행사경영은 사람에 달려 있다고 해도 지나치지 않을 정도로 전문요원으로 구성된 인간위주의 경영이다.

4) 과당경쟁의 특성

여행사는 소규모 자본에 의해서도 운영이 가능한 사업이므로 여행사를 경영하고자 하는 의욕만 가지고 있으면 누구든지 가능하다. 또한 여행상품의 모방이 용이하여 여행객에게 인기 있는 여행상품을 누구나 생산함으로써 과당경쟁의 요인이 되고 있다.

(2) 경영상 특성

1) 회사설립의 용이성

관광진흥법시행령에 따른 여행업의 종류는 크게 3가지로 나눌 수 있는데, 자본금의 규모는 일반여행업은 자본금 3억5천만원, 국외여행업은 1억원, 국내여행업은 5천만원으로 여행사경영이 타 업종에 비하여 고정자본의 투자액이 적다고 할 수 있다.

2) 최소한의 위험부담률

여행업은 항공업이나 숙박업과 비교해서 비용투자가 적어 위험부담이 적고 항공좌석과 호텔객실 취소 시 책임이 없어 상품구입에 대한 위험부담이 적다. 그러나 최근에는 다양해져 가는 여행수요에 대처하기 위해 패키지상품의 개발비용, 항공권의 판매보증금 예치, 컴퓨터 설치, 패키지상품의 홍보에 따른 광고비용의 지출 등 여행업의 위험부담이 증대되고 있다.

3) 영업외 수익의존성

여행업은 전체적인 여행상품의 판매비율에 따라 회사수익이 결정된다. 또한 고객으로부터 미리 받은 여행경비는 일반적으로 관련시설업자에게 행사 후에 지불하기 때문에 단기간의 자금운용이 가능하다. 그러나 영업의 순이익은 비교적 낮다.

4) 신용사업

여행객은 여행출발 전에 여행상품을 구매할 때 여행경비를 여행사에 지불하고 있으며, 여행소재 공급업자도 여행사에 대한 신뢰성을 바탕으로 공급량을 조절한다. 그러므로 신용은 여행사 성공의 변수가 된다. 따라서 여행사는 신용도를 높이기 위하여 소비자와 약속한 여행조건을 지켜야 할 것이다.

5) 다품종 대량상품의 생산시스템 사업

여행상품은 생산과정 · 판매과정 · 판매관리 등이 개인위주의 업무에서 조직위주의 업무로 시스템화가 이루어진다. 여행상품은 개인별 · 지역별 다양한 프로그램을 구성할 수 있다.

6) 계절성

여행은 그 자체가 요일이나 계절에 좌우되는 경우가 많기 때문에 여행자의 집중현상이 평일보다는 주말 그리고 겨울보다는 봄과 가을에 편중되는 정도가 매우 심하다.

따라서 여행수요는 계절에 따라 매우 탄력적이라고 할 수 있다. 그러므로 여행사는 여행상품의 가격과 공급에 따른 수요의 탄력에 적절히 대처할 수 있도록 독창적인 여행상품을 개발, 여행상품 라이프사이클에 의한 상품관리가 탄력성을 갖도록 경영전략을 구사하여야 한다.

7) 공익성

모든 기업은 사회적인 책임을 인식하고 경영활동을 수행해 나가고 있으나, 특히 여행업은 그 책임의 정도가 매우 크다. 왜냐하면 여행사는 경영속성상 여러 나라를 상대로 기업경영활동을 전개하여야 한다. 그리고 이들 국가에게 비춰지는 여행사의 이미지는 곧 해당국가의 이미지와 직결되어 평가되기 때문이다.

8) 비저장성

여행상품의 소재가 되는 운송기관이나 숙박시설 등은 유형이다. 하지만 여행상품 그 자체는 무형이다. 하지만 여행상품의 생산과 소비는 동시성 때문에 저장이 곤란하다는 특징을 갖게 된다. 예를 들어, 여행지의 호텔에 관광객이 적게 온다고 해서 호텔객실을 저장해 두었다가 다음 달에 사용할 수는 없는 것이다.

9) 높은 인력의존도

여행업은 인적요소가 매우 중요하다. 사람이 여행상품을 기획하고 생산하여 이를 판매하며 운영하는 주체이기 때문이다.

2 여행업의 경영조직

여행사의 경영은 사람에 의해 이루어지고 여행자를 위해 존재하며 여행사의 성공도 사람에게 달려있기 때문에 인적조직이 중요하다. 즉 여행업의 성장과 발전은 전문화된 인간위주의 경영, 즉 여행종사원을 합리적으로 관리하는데 달려 있다. 따라서 "인간위주의 경영조직 확립과 실행"이 이루어져야 한다. 그러나 현실적으로 우리나라에 있어 여행업의 조직은 그 영세성으로 인하여 조직의 중요성과 효율성을 반영치 못하고 운영되고 있다.

여행업은 크게는 영업부서와 관리부서로 구분된다. 영업부서는 판매, 운영, 단체, Counter 업무로서 여행상품의 제조, 판매, 예약, 진행, 접객, 안내 및 항공권 판매, 수속, 이용권(Coupon 등) 판매로 이루어진다. 또한 관리부서는 대외법적 업무, 회계, 세무, 경리 및 총무업무 등을 수행하게 되며 일반적으로 쌍방이 업무수행 중 갈등을 빚는 사례가 있다. 하지만 영업부서의 비중이 높을수록 바람직한 여행사의 조직이라 말할 수 있다.

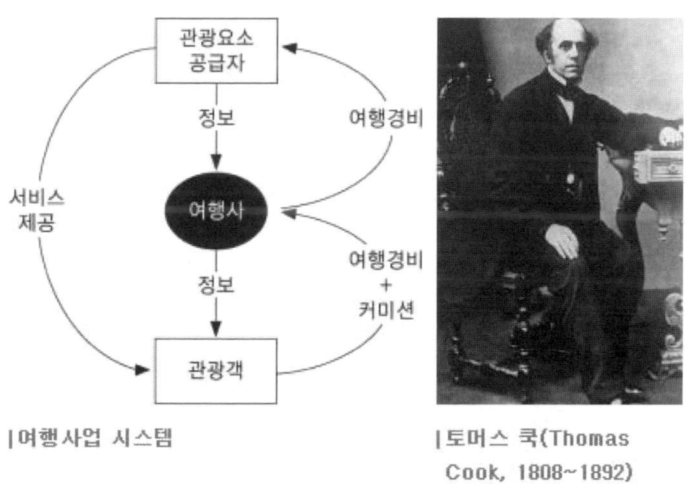

| 여행사업 시스템

| 토머스 쿡(Thomas Cook, 1808~1892)

여행사업 시스템 흐름

출처 : 학문명백과 : 사회과학

여행업의 주요업무

1 여정작성업무

여정작성업무는 출발에서 도착까지의 모든 여행일정을 결정하는 업무이다. 이 업무는 여행업자가 독자적으로 결정할 수 없고 반드시 여행객의 기호 및 요구사항을 수용하여 결정되어야 한다. 여정작성업무는 전체적인 여행의 만족도, 효율성, 경제성, 편리성 등을 갖추어야 한다. 따라서 담당요원은 여행 및 목적지에 관한 폭 넓은 정보와 지식 및 경험을 갖추고 있어야 한다.

2 원가계산업무

일반적으로 원가항목은 교통요금, 지상경비, 기타의 경비 등으로 구성된다. 여행상품 가격에는 이익에 해당하는 일정율의 알선 수수료가 포함되어야 한다. 여행사는 사전에 목적지별로 핵심요소를 선별하여 원가를 계산해두면 단시간에 가격을 산출하여 여행객에게 제시할 수 있을 것이다.

원가계산업무는 주로 패키지 투어, 하프 메이드 투어, 주문 상품을 판매하는 경우에 적용된다. 특히 패키지 상품은 사전에 모든 여정이 작성되고 원가를 기초로 한 여행상품가격이 결정되어 제시되어야 한다. 물론 투어코스트라고 부르는 가격은 여행참가자의 수, 여행목적, 여행일정, 여행일수, 행선지 등의 조건에 따라 매우 가변적이다. 따라서 최종 가격을 제시하기 전에 반드시 원가계산을 해 보아야 한다.

3 국내여행업무

국내여행업무란 내국인의 한국 내 여행과 관련된 업무를 말한다. 국내여행업의 존재가치는 국제여행업에 비해 크지 않다. 그것은 국외여행에 있어서와 같이 여행사에 의뢰하지 않아도 여행자 자신이 비교적 저렴한 가격으로 즐길 수 있기 때문이다. 즉 국외여행에 비해 국내여행에서는 출입국 수속이 없으며 외국어를 필요로 하지 않는다. 또한 예약 · 수배를 본인이 간단히 할 수 있다. 그렇기 때문에 국내 여행업무는 여행업자가 불필요한 듯이 보이기도 한다. 그러나 개인여행의 대부분을 제외하고 단체여행의 경우에는 단체할인, 여정작성에 대한 부담감 감소 때문에 대부분 여행업자를 필요로 한다.

근래에 들어 국제여행과 국내여행이 함께 발전해야 한다는 논리가 확산되면서 국내여행에 대한 관심이 높아지고 있다. 국내여행은 여행시설을 많이 창출해내고 있으며 이것은 나아가 국제여행과도 상당부문에서 연관된다.

4 국외여행업무

국외여행은 개인적인 행동만으로 간단하게 국외여행을 하기는 거의 불가능하다. 국외여행을 하려고 하면 국외여행에 따른 필요한 수속이 행해지지 않으면 안 된다. 이와 같이 국민들의 국외여행과 관련되어 행하는 업무가 국외여행업무이다. “아웃바운드업무”업무라고 많이 불린다.

5 인바운드 업무

인바운드 여행은 외국인의 국내여행이라고 정의될 수 있다. 인바운드 여행은 외국인의 국내여행을 유치한 국가의 정치, 경제, 사회, 문화적 효과가 매우 크기 때문에 국가적으로 많은 노력을 기울이고 있다. 우리나라는 1961년 관광사업진흥법을 제정하여, 지속적으로 외국인의 국내여행을 촉진시키는 노력을 하고 있다.

인바운드 여행상품은 생산과 소비가 자국에서 이루어지며 판매는 타국에서 이루어지는 특징을 갖고 있다. 그리하여 여행상품의 생산자와 여행자간의 직접 거래관계를 형성하기 어렵기 때문에, 현지의 외국여행사가 현실적으로 판매에 가장 중요한 역할을 하고 있다.

6 예약 · 수배업무

수배업무는 기획업무에서 다루어진 내용을 기본으로 하여 여행자 요구에 부응 할 수 있는 상품(여행소재)의 구입과 제공을 주로 하는 업무이다. 수배업무는 여행사의 신뢰도 형성에 큰 몫을 담당하는 업무이다. 왜냐하면, 아무리 여행일정계획이 잘 작성되어 있다고 해도 현실적으로 예약수배가 되어 있지 않으면 실질적인 일정이라고 할 수 없기 때문이다.

예약 · 수배업무의 원칙으로는 정확성, 신속성, 신뢰성, 간결성, 확인 및 재확인 등이 우선되어야 한다.

7 관광통역 안내업무

안내원은 좋은 여행안내를 하려면 성실과 진실된 마음을 바탕으로 고객과 상호 신뢰하는 관계를 형성하여야 한다. 안내원이 여행 전반에 대한 풍부한 지식과 뛰어난 안내능력을 지니고 있다 하더라도 안내에 성실하지 못하고 진실성이 결여되어 있으면, 고객은 안내원을 신뢰하지 않는다. 통역안내원은 항상 국민의 대표자라는 입장에서 민족적 긍지를 가지고 민간외교관으로서 확고한 신념을 가지고 안내해야 한다. 또한 우리나라를 올바르게 소개함으로써 국제간의 상호이해와 친선도모에 일익을 담당하고, 세계평화에 기여한다는 자부심을 가져야 한다.

또한 안내원은 좋은 서비스를 제공하기 위해서 친절하고 성실하며 신속해야 하는 동시에, 안락하고 편리하며 청결해야 한다. 따라서 통역안내원은 몸을 깨끗이 하고 복장을 단정히 하여 항상 고객에게 깨끗하고 밝은 이미지를 심어 주어야 한다. 고객을 접대할 때에는 항상 예의를 갖추고 환한 미소로 친절하고 성실하게 안내해야 한다.

제6절 여행안내원(Tour guide)

1 여행안내원의 정의

여행안내원이란 국내외를 여행하는 단체 또는 개인의 여행에 동행하여 관광객의 여행을 안내하거나 관광객을 위한 모든 제반업무를 수행하는 사람을 말한다.

2 여행안내원의 구분

① **국내여행안내원** : 국내여행지를 찾는 내국인을 대상으로 활동
② **관광통역안내원** : 우리나라를 찾는 외국인을 상대로 관광안내를 하는 사람
③ **국외여행인솔자**(TC: Tour Conductor): 내국인의 해외관광을 담당하는 사람

3 여행안내원의 업무특성

여행안내원은 여행사에 소속되어 근무하거나 프리랜서로 활동할 수 있으며, 관광 관련 업체에 소속되어 근무를 할 경우에도 매일 출근하지 않고 관광일정에 따라 근무할 수 있다. 여행안내원의 근무시간 및 근무일수는 관광 성수기 · 비수기, 수행하는 업무의 횟수, 관광일정에 따라 다양하다.

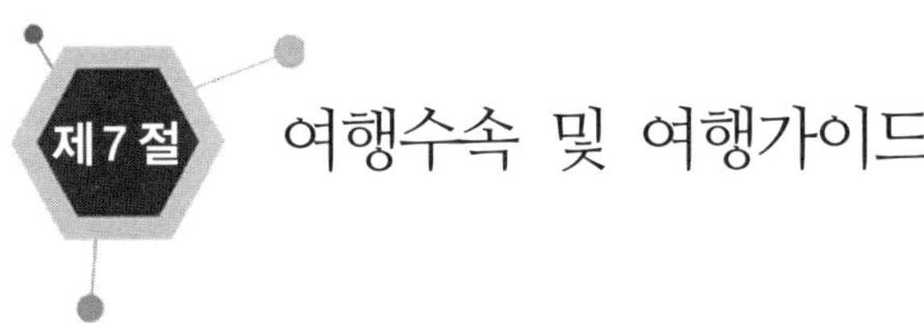

여행수속 및 여행가이드

1 여권(Passport)

여권이란 여권법에 의하면 "외국에 여행하고자 하는 국민은 여권법에 의하여 발급된 여권을 소지하여야 한다."라고 명시되어 있는바, 이것을 여권이라고 한다. 즉 국민이 다른 나라를 여행하기 위해서는 한 나라의 국민임을 나타내는 증명서가 필요한 것이다. 이와 같은 여권을 소지하는 자는 여행지에서 외국여행자의 신분과 국적을 증명하고 여행목적지에서 필요한 편의를 제공받고 보호받을 수 있는 것이다.

여권법 제3조에서는 여권의 종류를 다음과 같이 나타내었다.

여권종류	내 용
일반여권	일반인에 대한 일반여권으로 광역시청, 도청, 자치단체에서 발급
관용여권	① 외교관 여권 ② 관용여권: 중앙부처 및 지방자치단체 공무원, 정부투자기관 등 임직원 ③지방의회의원에 대한 관용여권
여행증명서(TS)	여권에 갈음하는 증명서로 재외공관에서 발급
단수여권	1회에 한하여 외국여행을 할 수 있는 여권
복수여권	유효기간 만료일까지 회수에 제한 없이 외국여행을 할 수 있는 여권으로 총 유효기간 10년 이내로 발급

2 비자(Visa)

비자란 외국인이 여행하고자 하는 대상국가에 입국할 수 있도록 하는 입국허가서를 말하며, "사증"이라고도 한다. 비자는 우리나라에 주재하고 있는 각국 대사관에서 취급하고 있다.

구 분	비자 종류
방문목적	관광비자, 학생비자, 방문비자, 주재원비자, 경유비자, 이민비자, 취업비자, ARRIVAL 비자, 문화공연비자
체류기간	영주비자, 임시비자
사용횟수	①단수비자: 1회 입국하여 출국하면 효력이 상실되는 비자 ②복수비자: 유효기간 내에 1회 이상 출입국이 가능한 비자

비자가 불필요한 경우

① 비자 상호 면제

② **통과상륙 무비자 입국**(TWOV: transit without visa)-무사증 단기 체류 : 여행객이 입국국가의 정식비자의 발급 없이도 일정 조건을 구비하고 있으면 해당국 내에서 일정기간 체류가 가능한 제도로 항공기의 접속사정 등으로 불가피하게 단기간 체재하게 되는 경우 여행객들에게 72시간 이내에 체재조건으로 단기간 체재를 허락해 준다.

3 출입국관리(CIQ: Customs, Immigration, Quarantine)

(1) 출국수속

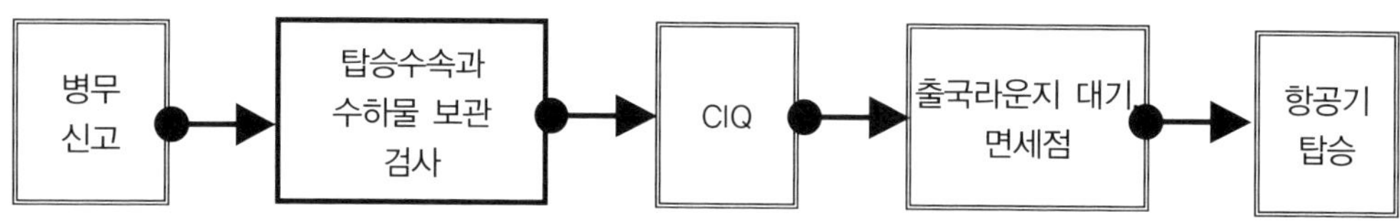

① **병무신고** : 내국인 18세 이상 30세 미만인 병역의무 해당자는 병무청 공항사무소에 병무신고를 하고, 귀국 후에는 15일 이내에 귀국신고를 병무청 또는 거주지 동사무소에 해야 한다.

② **탑승수속** : 항공권, 여권과 사증을 자신이 탑승할 항공사 카운터에 제시하고 수하물 수속과 좌석배정을 받은 후에, 탑승권(boarding pass)과 수하물인수증(baggage claimtag)을 수령해야 한다.

③ **CIQ(Customs, Immigration, Quarantine)검사**

- 세관신고(Custom) : 휴대물품 반출신고서와 재반출 조건 일시반입물품신고서 등의 서류를 제출해야 한다. 규정이상의 화폐 소지, 반출입이 금지된 물품의 소지, 과세 대상품의 소지 여부 등은 사열 받아야 한다.
- 출입국사열(Immigration) : 출입국사열 시에는 여권(또는 선원수첩, 여행증명)과 사증이 필요하며, 출입국사열에서는 이 밖에도 신원조회를 통해 출입국 자격을 심사하고 출입국 신고서를 확인하고 수거한다.
- 검역(Quarantine) : 주로 입국자들을 대상으로 이루어지며, 크게 식물검역과 동물검역으로 나뉘고, 자국 내 식물 생태계에 위협을 줄 수 있는 해충이나 미생물 등이 반입되는 것을 차단하고 사람과 가축에게 치명적인 병원체를 전염시키는 것을 차단하기 위해서 실시한다.

(2) 입국수속

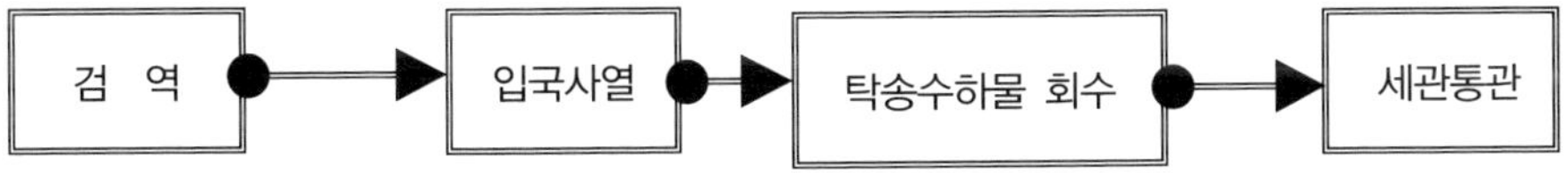

① **검역** : 오염 지역으로부터 입국하는 여행객을 제외하고는 실제적인 검역을 생략하는 것이 대부분 나라의 추세이다. 오염 지역으로부터 입국하는 여행객 및 승무원에게 기내에서 배부되는 검역설문서를 작성하여 입국 시 제출한다.

② **입국사열** : 여권

③ **탁송수하물 회수** : 분실된 경우에는 공항에서 “BAGGAGE CLAIM"이라고 쓰여 있는 수하물 분실신고소에 가서 신고하고 짐을 붙이고 나서 받았던 Baggage Claim Tag(짐표, 화물보관증)을 제시하고, 만약 화물을 찾지 못했을 경우에는 화물 운송협약에 의해 보상을 받을 수 있다. 여행자보험에 가입했을 경우에는 항공사에서 발행한 분실 증명서를 근거로 보상을 받을 수 있다.

④ **통관**(customs): 귀국 전 항공기 내에서 교부하는 여행자휴대품신고서를 작성해야 하며, 해외 취득가의 회계가 400달러 미만인 경우에는 세관 통관 시 아무런 문제가 없다.

제 10 장

호텔업

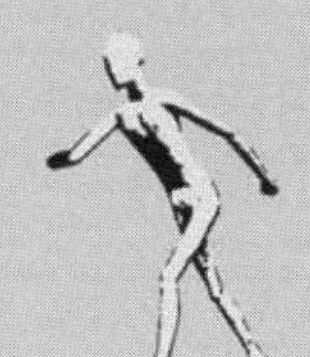

호텔업의 개념 및 종류

관광진흥법 제 3조 제 2항에서는 관광숙박업의 종류를 호텔업과 휴양 콘도미니엄업의 2종류로 분류하고 있다. 그리고 호텔업은 관광객의 숙박에 적합한 시설을 갖추어 이를 관광객에게 제공하거나 숙박에 딸리는 음식·운동·오락·휴양·공연 또는 연수에 적합한 시설 등을 함께 갖추어 이를 이용하게 하는 업으로 기술하고 있다.

호텔이라는 어원은 다음과 같이 변화하였다.

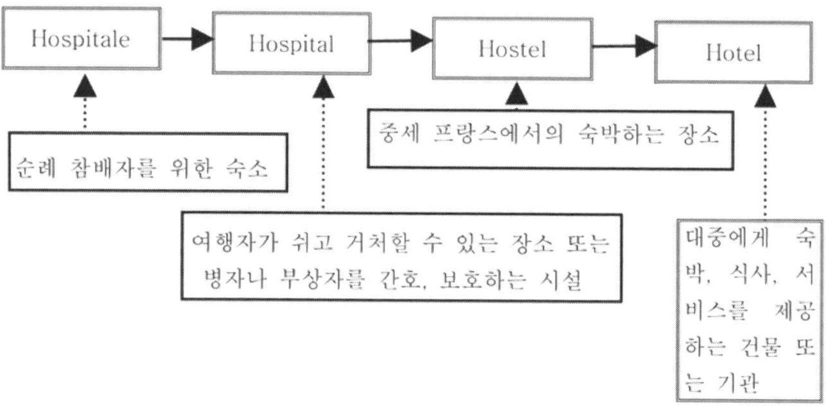

그림 10-1 호텔어원의 흐름

Hospital은 두 가지의 성격이 있는데, 하나는 여행객을 편하게 쉬게 하는 장소였다. 이 어원은 그 성격이 발전하면서 Hostel, Inn을 거쳐 현대의 Hotel로 변하였다. 또 하나의 성격은 부상자나 병자를 숙박시키면서 간호하는 시설로 표현되었다. 이 어원은 오늘날의 병원으로 발전된 것으로 판단된다.

관광진흥법에서는 호텔업의 종류를 다음과 같이 정의하였다.

호텔업 종류	정 의
종합관광호텔업	관광객의 숙박에 적합한 시설을 갖추어 관광객에게 이용하게 하고 숙박에 딸린 음식·운동·오락·휴양·공연 또는 연수에 적합한 시설 등(이하 "부대시설"이라 한다)을 함께 갖추어 관광객에게 이용하게 하는 업
수상관광호텔업	수상에 구조물 또는 선박을 고정하거나 매어놓고 관광객의 숙박에 적합한 시설을 갖추거나 부대시설을 함께 갖추어 관광객에게 이용하게 하는 업
한국전통호텔업	한국전통의 건축물에 관광객의 숙박에 적합한 시설을 갖추거나 부대시설을 함께 갖추어 관광객에게 이용하게 하는 업
가족호텔업	가족단위 관광객의 숙박에 적합한 시설 및 취사도구를 갖추어 관광객에게 이용하게 하거나 숙박에 딸린 음식·운동·휴양 또는 연수에 적합한 시설을 함께 갖추어 관광객에게 이용하게 하는 업
호스텔업	배낭여행객 등 개별 관광객의 숙박에 적합한 시설로서 샤워장, 취사장 등의 편의시설과 외국인 및 내국인 관광객을 위한 문화·정보 교류시설 등을 함께 갖추어 이용하게 하는 업
소형호텔업	관광객의 숙박에 적합한 시설을 소규모로 갖추고 숙박에 딸린 음식·운동·휴양 또는 연수에 적합한 시설을 함께 갖추어 관광객에게 이용하게 하는 업
의료관광호텔업	의료관광객의 숙박에 적합한 시설 및 취사도구를 갖추거나 숙박에 딸린 음식·운동 또는 휴양에 적합한 시설을 함께 갖추어 주로 외국인 관광객에게 이용하게 하는 업

국가별 호텔의 역사

1 초기의 숙박시설

숙박업의 역사는 농경사회 물물교환의 증가에 의한 숙박시설로 시작되었으며, 고대 그리스와 로마시대까지 거슬러 올라간다. 하지만 오늘날 사용되고 있는 호텔이란 언어는 1800년경 영국에서부터 시작되었다. 이와 같이 호텔의 역사는 200년을 갓 넘겼다고 할 수 있다. 영국에서는 오늘날에도 호텔의 전신인 인(Inn)이라는 저렴한 요금의 대중적인 숙박시설이 남아 있다. 인은 1400년경부터 존재하여 그 역사는 600년을 넘어서고 있다.

호텔업은 발전과정에서 유럽식과 미국식으로 나뉘어 졌다.

2 유럽 호텔

로마시대에는 여행자의 숙박을 위한 숙소가 대량으로 도로변에 건설되었다. 또한 페르시아에서는 대상들의 상업여행 길을 따라 “칸”이라고 하는 숙소가 건설되었다. 현대의 숙박시설들은 19세기 중엽 유럽에서 호텔이라는 명칭으로 다수 출현하게 되었다.

19세기에 등장한 호텔은 베르사이유 궁전에서 펼쳐졌던 상류계급의 세련된 생활양식을 기초로 하여 호화로운 시설과 고급 서비스라는 특색을 가지고 있었다. 황후 귀족의 권력이 붕괴된 후에는 궁전에 대신하여 새로운 부유계층을 위한 사교장으로서 역할을 하였다. 오늘날 세계 고급호텔들의 호화성을 강조한 건물의 외관과 사치스러운 프랑스 요리와 식기류, 가구, 종업원의 복장 등이 지난날 왕후 귀족들의 생활양식을 그대로 상업화한 것이다. 따라서 중세로부터 내려오는 "인"과는 전혀 다른 이질적인 것이었다.

유럽식 호화로운 근대 호텔의 출현은 19세기 프랑스 파리에서 1850년 그랜드 호텔이 최초로 건설되었다. 이 호텔의 명칭은 오늘날에도 세계 각지에서 고급 호텔의 대명사처럼 사용되고 있다.

3 미국 호텔

영국의 산업혁명은 생산 및 교통혁명으로 파급되었다. 이 파급의 영향은 미국인의 여행에 대한 높은 관심으로 연결되었다. 미국에서는 개척정신과 자유평등의 생활방식으로 지불능력이 있으면 어느 누구도 이용할 수 있는 대중적인 호텔이 건립되었다. 1794년 세계최초의 근대호텔이며 미국최초의 호텔인 "The City Hotel"이 뉴욕에서 시작되었다.

20세기에는 미국 호텔은 경제활성화로 여행자들이 증가했으며 교통의 발달로 여행이 더욱 편리하게 되었다. 그리고 낮은 비용으로 여행을 할 수 있게 되었다. 이 여건으로 중류계층의 고객유치를 위한 대중적인 요금의 상업호텔이 등장하게 되었으며 "스타틀러 호텔"이 최초이다.

4 유럽 호텔과 미국 호텔 차이

호텔의 시초는 유럽이었지만 유럽은 크게 성장하지 못하였으며, 오히려 미국에서 발전하여 오늘날 호텔기업의 본고장으로 인정되고 있다. 이와 같이 근대 미국의 호텔이 유럽의 호텔보다 발전하게 된 이유는 다음과 같다.

첫째, 미국의 숙박업자들은 유럽에 비하여 보다 진취적이고 투기적이며 확장주의적 과감성이 존재하는 개성을 가지고 있었다.

둘째, 호텔기업 형태는 유럽의 호텔이 귀족적 분위기를 풍기며 화려하고 안정적인 특성을 보였다. 이에 반하여 미국의 호텔은 평등적 내지는 대중적인 취향의 형태를 나타낸 것이다.

5 우리나라 호텔 역사

우리나라 최초의 숙박시설은 신라 소지왕 9년에 개설된 관영의 역관이라는 내용이 삼국사기에 포함되어 있다. 통일신라시대에는 장보고가 당나라인 장안(長安)으로 가는 길목에 신라관이나 신라원 등의 숙소가 설치되었다. 고려시대와 조선시대에는 참역제가 발달하여 역마를 두고 역장, 역리 등의 관리가 존재하여, 공문서 전달, 공물의 수송, 공무관리들에게 교통 및 숙박 제공을 하였다. 또한 조선시대에는 한성에 명나라 사신을 위한 태평관, 일본사신을 위한 동평관, 여진을 위한 북평관이 존재하였다.

1876년 일본이 운양호 사건을 일으키며 한국과 강화도조약을 체결한 이후부터, 미국, 영국, 프랑스, 러시아 등과 상호조약을 체결하며 많은 외국인 거류자가 급속하게 증가하였다. 이로 인하여 인천, 부산, 원산 등이 개항되자 1888년 인천에 우리나라 최초의 호텔인 대불호텔이 건립되었다. 이 호텔은 3층 벽돌로 건축되었으며, 객실은 11실이었으나 숙박기능만 존재하였다. 1902년에는 독일여인 손탁이 서울에 최초의 서양식 호텔인 손탁호텔을 건립하였는데, 2층 건물에 객실은 30실로 커피숍 등이 갖추어져 외교 및 사교의 장소로 명성을 떨쳤다. 1924년에는 당시 69실규모의 조선호텔이 건립되었는데, 재건축을 통하여 오늘날까지 명맥을 이어나가고 있다.

우리나라 최초의 서구식 호텔인 손탁호텔 : 1902년 설립

우리나라 최초의 호텔인 인천의 대불호텔 : 1888년 건축

호텔의 분류

1 호텔규모에 의한 분류

객실수에 따라 호텔을 분류한다.

대규모 호텔은 객실 수 300실 이상, 중규모 호텔은 객실 수 155-299실, 소규모 호켇은 150실 이하로 구분한다. 또한, Small Hotel 객실수 25실 이하, Average Hotel 객실수 25실-100실 이내, Above Average Hotel 객실수 100-300실, Large Hotel 객실수 300실 이상 등으로 분류될 수 있다.

우리나라에서는 보통 소규모 호텔은 일반적으로 100실 이하, 중규모 호텔은 100-300실, 대규모 호텔은 300실 이상으로 구분하고 있다.

2 입지, 숙박기간, 숙박목적에 의한 분류

호텔은 지역적으로 어디에 위치하느냐에 따라 메트로 폴리탄, 시티, 다운타운 등의 호텔로 나뉜다. 또한 숙박기간에 따라 트랜지언트, 레지덴셜, 그리고 퍼머넌트 호텔로 분류된다. 숙박목적에 따라 컨벤션, 커머셜, 리조트, 아파트 호텔로 나누어지기도 한다.

3 요금지불형식에 의한 분류

유럽식, 미국식, 대륙식 등 세 가지로 분류된다. 유럽식 호텔은 객실요금만을 계산하는 요금제도를 가진 호텔로서 우리나라에서 이용되고 있다. 미국식 호텔은 객실요금에서 아침, 점심, 저녁식사비용이 포함된 1박 3식의 요금제도를 가진 호텔로서 full pension이라고도 한다. 수정 미국식 요금제도를 가진 호텔은 객실요금에서 아침과 점심이나 저녁식사 비용이 포함된 1박 2식의 요금제도를 가진 호텔이다. 대륙식 호텔은 객실요금에서 조식비용만이 포함된 호텔로서 주로 유럽에 많다. 혼합식 호텔은 한 호텔 내에서 여러 가지 방식을 다 쓰는 호텔로서 손님의 희망에 따라 선택한다.

4 경영형태에 의한 분류

호텔은 경영형태에 따라 독립적 호텔(Independent Hotel)과 체인경영 호텔(Chain Hotel)로 나뉜다.

(1) 독립적 호텔(Independent Hotel)

호텔기업이 개인소유 또는 동족경영(partnerships)의 형태로 운영되는 중소기업적 성격을 띠는 호텔을 말한다. 소유주는 체인에 가입하는 것도 아니고, 경영위탁을 하는 것도 아니기 때문에 전문적인 지식을 가진 종업원과 총지배인을 고용하는 것이 일반적이다.

장 점	단 점
- 유연한 경영(경영자의 자유로운 의사결정) - 수수료 부담이 없는 수익의 극대화 - 눈높이 고객서비스 제공을 통한 만족도 제고	- 경영자의 개인적 의사가 직접적 반영 - 자본력의 한계에 따른 경영 실패에 따른 위험부담이 큼 - 경영합리성 유지의 어려움 - 우수 전문인력 확보의 어려움 - 마케팅 및 홍보 광고의 어려움

(2) 체인경영호텔

호텔의 체인화 경향은 세계적인 추세이다. 여러 호텔이 하나의 체인으로 연결되는 경우에는 그 구성의 방식과 연결의 강약에 따라 유형분류가 다르게 나타난다.

1) 소유직영방식(Ownership Chain, Regular Chain)

하나의 기업이 다수의 시설을 소유하며 스스로 경영을 하는 것을 말한다. 스타틀러의 체인호텔이 대표적인 예이다.

2) 관리운영위탁방식(Management Contract)

토지 및 건물 등을 소유하고 있는 호텔기업자 또는 소유주가 호텔의 경영관리기술을 갖고 있는 호텔 전문가에게 호텔의 경영관리 위탁 또는 수탁계약을 맺는 방식을 말한다. 소유와 경영이 완전히 분리된 경우로 호텔마다 계약내용의 차이는 존재하며, 경영계약, 위탁경영, 힐튼방식이라고도 한다. 대표적인 예로는 미국의 힐튼(Hilton)이나 하얏트(Hyatt) 체인이 존재한다. 국내 호텔로는 힐튼, 웨스턴 조선, 인터컨티넨탈, 리츠칼튼, 노보텔, 메리어트 등이 존재한다.

3) 프랜차이즈 방식

일반호텔 소유자가 전문적인 브랜드를 가지고 있는 유명호텔의 상표를 이용하여 호텔을 경영하고 상표를 제공한 회사에 가맹료(Franchise Fee)와 로열티(Royalty)를 지불하는 방식을 말한다. 일반적으로 호텔체인회사라고도 한다. 이 둘의 관계는 예속이라기보다 지원관계라고 할 수 있다. 대표적인 예로는 홀리데이 인(Holiday Inn)이다. 국내호텔로는 쉐라톤워커힐, 홀리데이 인 등이 있다.

4) 임대차방식(Lease Chain)

호텔 경영회사가 타 기업이 소유하고 있는 토지와 건물에 대해 임대차계약을 맺고 호텔을 경영하는 방식이다. 대표적인 호텔로는 이비스 엠버서더 호텔이 있다.

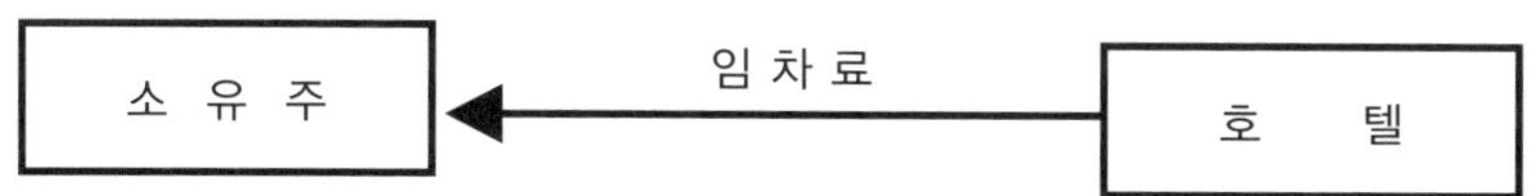

5) 업무제휴방식

본부가 되는 호텔이 공동선전과 예약업무 등에서 몇 개의 독립 호텔과 업무제휴를 맺고 하나의 체인을 구성하는 방식을 말한다. 이 방식은 프랜차이즈 방식이나 관리운영 위탁방식에 비해 본부와의 관계가 부분적인 것에 한정된다. 주로 송객에 관한 내용이 많다. 예를 들어, 신라호텔과 인터컨티넨탈 호텔의 더블 초이스 경우가 있다.

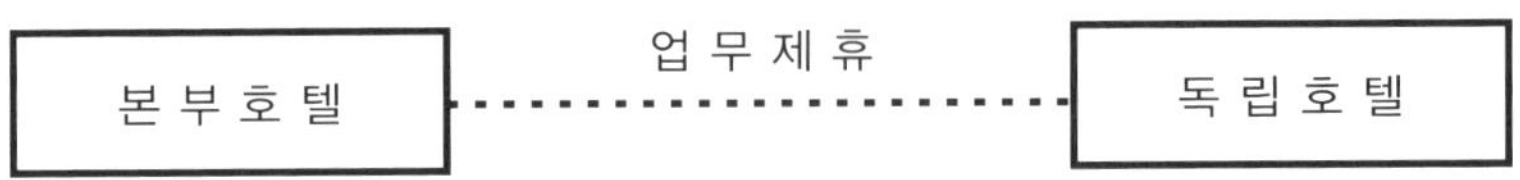

6) 리퍼럴방식(Referral Chain)

이 방식은 기존의 호텔들 끼리 각각 경영상 독립적성을 유지하면서, 상호협력 및 제휴를 통하여 경영의 효율성을 높이려는 형태를 말한다. 단독경영 호텔들은 체인호텔들에 비하여 단독으로 해외선전 광고비용 부담, 체인호텔들의 전문화된 시장개척 및 예약제도에서 불리한 입장이다. 따라서 단독 경영호텔 소유자들은 유사그룹의 호텔들과 상호협력하여 공동홍보, 공동 판매정책 및 예약서비스 등의 조직을 형성한 방식이다. 이 방식은 특정호텔이 본부가 되는 것이 아니고 다수의 기존 호텔 들이 협동해서 본부를 유지한다. 예를 들어, 프라자 롯데, 신라 호텔 등도 리퍼럴 그룹에 가입되어 있다.

항공운송업

제1절 항공운송업의 개념과 구성요소

제2절 항공운송업의 구성요소

제3절 항공운송사업의 특성

제4절 항공승무원의 직무

제5절 지상직 항공승무원의 직무

제6절 항공예약시스템

항공운송업의 개념과 구성요소

항공운송이란 항공법 제2조 규정에서 항공기를 사용하여 타인의 수요에 응하여 여객(passenger)과 화물(cargo) 및 우편물(mail)을 싣고 항로를 이용하여 국내외 공항에서 다음 공항까지 운항하는 초현대식 운송시스템을 말한다. 즉 항공사가 여객, 화물, 우편물을 운송해주는 대가로 항공료와 항공운임을 승객과 화물주로부터 받아 운영하는 사업이다. 항공운송업은 여객, 화물 그리고 우편물을 운송하는 사업이므로 여행객체에 따라 여객운송, 화물운송, 우편물운송으로 분류할 수 있다.

이 책의 독자는 항공서비스분야에 진출하는 스튜어드 및 스튜어디스, 항공지상직 승무원 등의 직업을 갖게 될 사람이다. 따라서 여객운송 중심으로 설명한다. 여객운송이란 승객운송을 주목적으로 하는 항공운송업을 말하며 대부분의 항공운송업이 여객운송 부문으로 구성되어 있으며 인적서비스가 강조된다는 특징이 있다.

항 공 기 승객운송 담당	지상서비스 좌석예약, 항공권 발권 탑승수속 등	기내서비스 기내 식음료, 면세상품 판매, 영상서비스, 승무원 서비스 등
하 드 웨 어	소 프 트 웨 어	

항공운송서비스의 구성

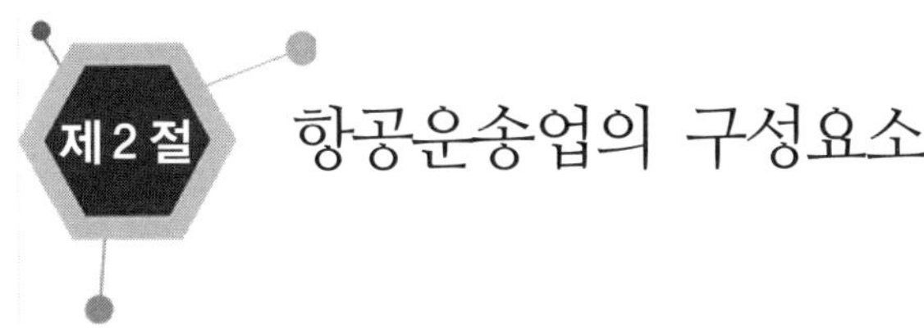

항공운송업의 구성요소

항공운송사업의 기본적인 4가지 요소는 항공기, 공항, 공항터미널 시설, 항공노선으로 이루어진다.

1 항공기

1919년 파리 국제민간항공조약과 1944년의 시카고 국제민간항공조약은 항공기를 "공기의 반동에 의해 공중을 부양하는 모든 기기"라고 정의하였다. 즉 항공기란 공기의 반동에 의해 공중을 부양하는 기계의 총칭이다. 항공운송 시스템에 있어서 항공기가 구성요소로서 절대적 위치를 차지하게 된다. 항공기의 가치는 속도, 탑재력, 연료소모량, 항공기 정비의 용이성, 부품 조달의 용이성 등에 의하여 그 가치가 평가된다.

2 공항

항공기가 이착륙 및 지상이동에 사용할 목적으로 설치한 육상이나 수상의 일정구역을 비행장이라고 하며, 이들 비행장이 주로 항공운송을 위하여 공공용으로 사용될 경우에 "공항"이라고 한다. 그러므로 공항에는 항공기가 단순히 이착륙하는 장소뿐 만아니라 운송에 필요한 여객 및 화물취급시설, 항공기의 급유 및 정비시설, 관세, 출입국관리사무소, 공항 검역시설 등 공공용의 시설과 항공기의 안전운항을 위하여 필요한 항공보안 시설이 있다.

3 공항터미널 시설

공항터미널에는 여객과 화물의 취급 및 제반 운송업무 지원을 위한 시설이 설치되어 있으며, 공항에는 항공사, 공항관리공단, 정부기관, 항공운송관련업체 등이 복합적으로 구성되어 운영되고 있다. 여객취급시설은 공항별로 차이는 있으나, 일반적으로 1층은 도착장, 2층은 탑승수속장, 3층은 출국장으로 구성되어 있다.

4 항공노선

비행기도 버스도로와 마찬가지로 하늘에 노선이 존재한다. 노선이 없다면 수많은 비행기가 마음대로 비행하다 사고를 낼 수도 있는 것이다. 그러므로 항공로는 항공기의 운항에 있어서 가장 안전하고 적절한 통로이다. 항공기는 출발지 공항으로부터 목적지 공항에 도착할 때까지 항공로를 비행하여야 한다. 항공노선의 허가가 없으면 비행기가 뜰 수 없다.

항공운송에 있어서 노선구조, 노선권의 획득은 항공운송 사업에 중대한 영향을 미치는 요소이다. 노선구조에 따라 교통의 흐름에 영향을 미치며, 경제성이 현저하게 달라진다. 특히 항공운송의 경우는 비교적 장거리를 운항하므로 노선구조에 의하여 그 경제성이 매우 크게 좌우된다.

국제항공운송의 경우에는 외국의 특정도시에 취항할 수 있는 것은 상대국 정부와의 항공협정이나 항공사간의 쌍무협정이 전제조건이므로 노선권의 확보는 항공운송사업에서 매우 중요한 요소가 된다. 예를 들어, 아시아나 항공은 초기에 프랑스 직항 항공노선을 허가받지 못하여, 독일을 경유하여 프랑스에 도착하기도 하였다.

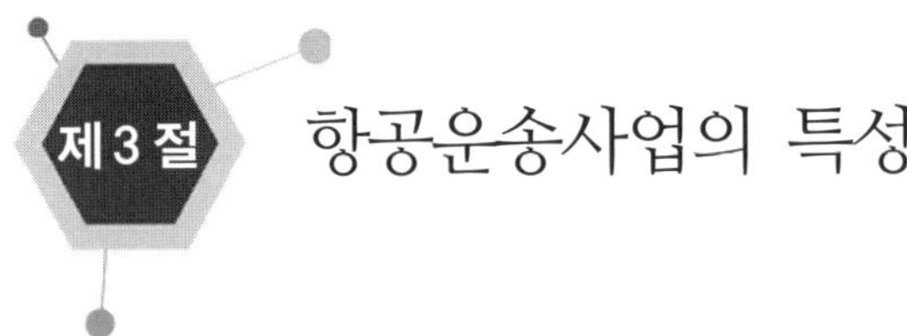

항공운송사업의 특성

항공운송사업은 기차, 버스 등과는 다른 다음과 같은 특징을 가지고 있다.

1 안전성

항공수송사업은 자동차·기차·선박 등의 타 교통사업에 비하여 안전성이 매우 높은 사업이다. 특히 항공기의 발달, 운항의 합리화 및 항공기 정비기술의 발달은 항공수송사업의 안전성에 기여하고 있다.

2 고속성

항공수송사업의 가장 대표적인 특성은 고속성이다. 전세계의 주요도시를 연결하는 항공노선망이 구축되어 빠르고 편리한 여행이 가능해졌다. 항공수송사업의 고속성은 비싼 운임에도 불구하고 이용객의 계속적인 증가를 가져 오는 원인이 되었다.

3 정시성

항공수송사업은 공표된 시간표에 의해 운항되는 정시성을 가지고 있다. 때로는 항공기 정비의 어려움, 기상조건의 영향, 공항의 이용상태에 따라 정시운항이 불가피하게 제약을 받는 경우도 있으나 다른 교통수단에 비해 비교적 정시에 운항되는 특성을 가지고 있다.

4 쾌적성

이용자를 위한 기내에서의 쾌적성은 항공수송사업의 중요한 요소로 기내의 시설과 서비스, 디자인, 인테리어, 운항기술 등이 그 구성요소이다.

5 간이성

간이성이란 항공노선개설의 용이성을 의미한다. 항공노선의 개설은 특별한 비용이나 노력이 필요 없기 때문에 개설이 비교적 쉽다.

6 경제성

항공수송사업은 항공기의 고속운항으로 인하여 장거리이동에 소요되는 이동시간을 획기적으로 단축시켜 더 높은 경제적인 가치를 얻을 수 있다.

7 서비스성

항공운송사업은 출발지에서 목적지까지 이동시켜 주는 그 자체가 서비스라고 할 수 있다. 항공기 탑승에 필요한 각종 정보의 제공으로부터 예약, 발권, 공항에서의 탑승절차, 기내에서의 안내 및 식사와 도착지에서 행해지는 모든 과정을 불편 없이 여행할 수 있도록 서비스한다. 특히 기내 승무원들의 친절한 서비스는 승객유치에 결정적 영향을 끼친다.

8 공공성

항공수송사업은 일반적으로 국민 다수의 사회적 생활에 기여하는 공공교통기관의 특성을 가지고 있다. 특히 운송조건의 공시, 이용자 차별의 금지, 영업계속의 의무 등 공공성이 강조된다.

9 자본집약성

항공사업은 항공기의 구입과 감가상각, 부품의 공급, 정비에 관한 필요한 시설설치 등 막대한 고정자본을 필요로 하는 자본집약적인 특성을 가진 사업이다.

10 국제성

항공수송의 영업활동과 항공기의 운항관련규정, 여객 및 화물의 이동범위가 특정국가에 한정되기보다는 세계 대다수의 국가와 관련되어 있는 국제성을 띠고 있다.

항공승무원의 직무

항공기의 기내서비스를 주업무로 하는 스튜어드 및 스튜어디스 등에 대한 직무는 다음과 같다.

1 운항 전 기내점검

비행 전 필요한 사항을 확인하며, 객실 내 비상장비, 의료장비 및 서비스 용품 탑재 등을 점검한다.

2 안전 및 보안점검

항공기 안전운행을 위해서 기장과 협조하여 운항중의 승객안전과 쾌적한 비행환경을 조성, 유지하는 책임이 있다. 그리고 기내의 보안장비 점검 및 항공기 보안검색을 하며, 기내수하물 탑재상황을 파악하고 승객에게 안전 브리핑을 실시한다.

3 운항 중 고객 서비스

좌석안내, 기내방송, 식사 및 음료제공, 입국관련 서류점검, 기내 면세품 판매 등 승객의 편안한 여행을 위한 서비스를 제공하는 업무를 수행한다.

제 5 절 지상직 항공승무원의 직무

항공기의 지상서비스를 주업무로 하는 지상직 항공승무원은 항공사 지상직 업무, 공항 VIP라운지, 인천공항 면세점, 항공화물운송회사의 수출입 업무 등을 담당하고 있다.

항공사지상직은 크게 공항에 위치한 항공지상직 공항여객서비스직원과 도심에 위치한 지사에서 업무를 하는 항공지상직 다운타운사무실 직원으로 나뉜다. 도심에 위치하고 있는 본사근무에서는 예약발권, 영업마케팅, 인사관리 부서 등의 사무실근무 등을 한다. 공항근무부세에서는 체크인카운터, 항공보안검색, 게이트, 라운지, 수화물, 카고, 안내데스크 등의 업무를 담당하고 있다.

1 도심 서비스 업무

- 예약/발권 부서: 항공권 예약 및 항공 티켓의 발권(e-ticket 발권)
- 영업 및 마케팅: 여행사 관리, 항공상품(좌석) 판매, 경쟁 항공사 영업전략 및 항공요금 조사 및 대응
- 인사과: 필요 인력의 충원 및 직원들의 업무 능력 평가를 담당하는 부서

2 공항여객 서비스 업무

- 체크 인 카운터: 탑승객의 여권 확인, 비자 확인, 티켓 확인 후 탑승권 발행, 수하물 탁송 업무
- 보안검색: 기내 수하물 검사, 신체검사, 세관신고, 승무원 소지품 검사

- VIP 라운지: 1등석, 2등석 승객을 위한 편의시설 - 라운지 내의 편의 서비스 시설 관리(음료, 스낵 등의 준비, 출발시간 확인 후 승객에게 탑승안내, 승객의 비즈니스 용무지원)
- 게이트(출입국): 항공기 도착방송, 탑승방송, 1등석 2등석 승객 탑승 서비스(항공기가 정시에 출발 할 수 있도록 승무원과 업무 협조, 좌석 재배정)
- 수하물 담당: 수하물 분실, 도난, 파손 등의 문제 발생 시 승객의 입장에서 신속한 서비스 제공
- 카고: 항공화물을 담당하는 카고 직원은 화물을 보다 빠르고 안전하게 수송하기 위한 서비스 제공
- 안내데스크 : 항공기의 도착 / 출발시간, 항공사의 체크인 카운터 위치 안내, 항공사 오피스 연락처와 위치안내, 부대시설 이용안내

항공예약시스템

각 항공사에서는 항공편의 좌석예약 및 각종 부대서비스 예약을 통하여 여행자에게 서비스를 제공하고, 항공좌석의 활용율을 극대화하기 위하여 항공과 IT를 접목한 항공예약시스템(CRS:Computer Reservation System)을 활용하고 있다. 따라서 항공분야에서는 항공예약시스템을 습득하는 것이 필수이다.

1 항공예약시스템의 개념

항공예약시스템은 항공사에서 운용하고 있는 예약처리용 IT 시스템으로, 전산단말기를 통하여 항공좌석의 예약과 발권, 운임, 호텔, 그리고 렌터카 등 여행에 관한 종합 서비스를 제공하는 통신시스템을 말한다.

다양해지고 복잡해진 항공노선과 운임체계를 고객의 요구에 맞게 적절히 제공하고, 빈번한 변경 발생에 신속히 대처하며, 승객에게 필요한 제반 종합 여행 정보까지 제공하기 위하여 항공예약시스템을 필수적으로 필요한 것이다.

2 항공예약시스템의 기능

① **예약기능** : 컴퓨터 단말기를 이용하여 항공좌석 및 호텔, 렌터카 등의 공석을 관리하는 기능

② **수입의 극대화 기능** : 항공예약시스템을 활용하여 과거의 실적 자료를 검토하고 미래의 예약 추세를 예측하여 초과예약을 효율적으로 관리

하고, 할인요금과 정상요금을 최적으로 조합하여 수입 극대화를 도모

③ **마케팅기능** : 고객관리, 손익계산, 청구서 발행 등 여행대리점의 각종 업무를 예약관리용 단말기를 통해 처리할 수 있도록 지원하는 기능

④ **관광정보와 생활정보의 제공** : 기상관련 정보, 여행지의 외환시세, 전화, 세관 관련 정보 등을 제공

- PNR 변경 시 SSR(Special Service Request) 자동 재신청
- Segment 자동정렬(예약순서와 상관없이 날짜순으로 자동정렬)
- 여정이 서로 다른 승객들에 대한 동시예약 가능
- Availability 조회 시 복편여정 동시조회
- 고객 Profile을 이용한 PNR 생성
- Queue 관리기능 강화(추가/변경/삭제 가능)
- PNR Copy 기능을 이용한 예약

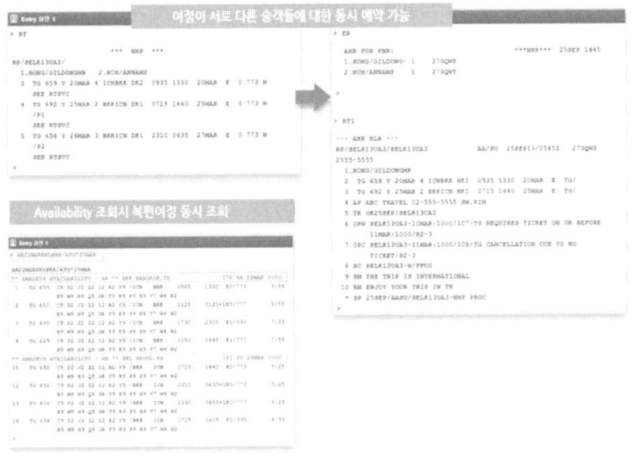

- 자동 운임 계산 범위 확대
- 재발행 및 환불 시 운임차액 자동계산/자동운임 검색기능 강화
- IATA 기준에 부합하는 EMD (Electronic Miscellance Document) 기능 제공

항공예약시스템 (CRS: Computer Reservation System)의 예

기타의 관광사업

국제회의업 (MICE: Meetings Incentives Conventions Exhibitions)

1 국제회의업 개념

국제회의업이란 컨벤션과 동일한 개념으로 여러 가지 유형의 국제적인 모임을 의미한다. 관광진흥법 제 3조 제 4호에서는 컨벤션 서비스업(Professional Convention/Congress Organizer)으로서의 국제회의업을 “컨벤션의 기획, 준비, 진행 등 필요한 업무를 행사 주최자로부터 위탁받아 대행하는 업”으로 규정하고 있다. 이러한 회의를 개최하기 위해서는 다양한 산업과 연결되어 있어야 한다. 국제회의업을 집행하기 위해서는 사무국 대행, 목공, 간판, 인쇄 시행업자, 전기공사, 여행대리점, 음식공급업, 운송업, 설비토목업, 보안경비, 보험, 아르바이트 요원 등이 서로 구비되어 갖추어져 있어야 한다.

따라서 국제회의산업은 국민경제 발전에 기여도가 높은 고부가가치산업이라 할 수 있다. 그리하여 최근 각국 정부의 컨벤션 전담기구에서는 컨벤션산업의 가치를 인식하고 전시 및 박람회, 학술세미나, 제반 문화예술 행사, 스포츠 행사, 외국기업체들의 인센티브 관광 등의 유치에 노력하고 있다.(그림 12-1) 한국관광공사는 2008년 12월 조직개편에서 코리아 컨벤션뷰로를 본부로 경삭하고 MICE 전담팀을 신설하였다.

M I C E

Meeting	**Incentive Tour**
기업 주최회의 등 예) 그룹기업 임원회의 해외투자가 금융세미나	기업 우수임직원 및 관계사 포상, 연수 목적 여행 예) 우수직원 리셉션, 포상행사
Convention	**Exhibition& Event**
국제단체, 학회, 협회가 주최하는 총회, 학술대회 예) G20, APEC, ASEM	전시회, 박람회, 스포츠 이벤트 예) 부산국제영화제

그림 12-1 MICE 구성

출처: 강승구 외(2014), 관광사업경영론, 학현사

2 MICE 산업의 구성

MICE 산업은 관광공급업자인 여행사, 숙박, 교통, 식음료, 오락, 관광상품 등과 MICE 고유 공급산업인 회의시설과 장소, 서비스제공자, 전시자, 스폰서, 컨벤션뷰로, MICE 기획자 등이 있다.

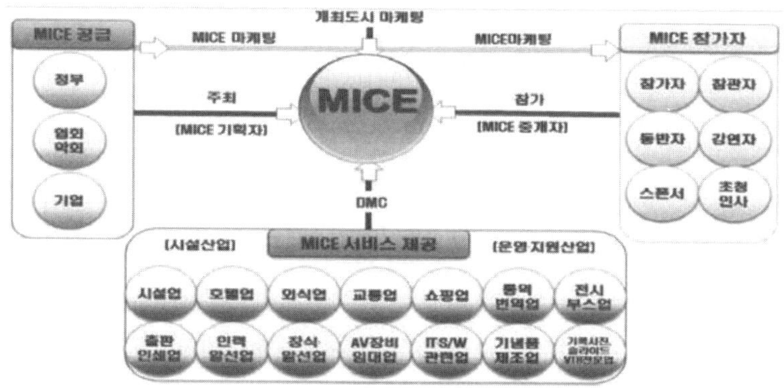

MICE 산업의 연결구조

출처: 윤세목(2004), 국제회의론, 현학사

3 국제회의 관련 직업

(1) 회의기획가

회의기획가 또는 컨벤션 기획자(Meeting Planner)란 다양한 국제모임, 전시회, 박람회를 조직 및 운영하고 사후관리까지 하는 사람을 말한다. 국제모임 참가자들의 교통·숙박 일정부터 투어 프로그램, 문서업무, 사교행사, 참가자들의 배우자들을 위한 프로그램까지 마련하고 조정해주는 역할을 한다. 이러한 직업은 대부분 사기업이지만, 정부기관에서도 잦은 회의를 기획하기 위하여 사람을 고용하고 있다.

컨벤션 기획자에게 필수요소는 언어능력과 컴퓨터, 회의기획과 운영, 이벤트 기획, 관광마케팅, 테이블 매너까지 숙지해야 한다. 이 분야의 전문가가 아직 많지 않아 문화관광부가 개최한 "컨벤션산업 육성정책세미나"에서도 전문인력 양성이 주요 테마가 되기도 하였다. 한국관광공사에서는 부정기적으로 교육을 하고 있으며, 대학 및 대학원에도 교육과정이 개설되었다.

(2) 포상여행 기획가(Incentive travel planners)

포상여행 기획가는 기업의 목적을 달성하거나 초과한 대가로써 기업이 종업원에게 제공하는 포상여행을 기획한다. 초기에는 위락여행이었으나 최근에는 사업과 즐거움을 혼합한 프로그램을 기획한다. 예를 들어, 기업이 휴가장소에서 사업모임을 개최하여 핵심직원을 훈련시키거나 전략을 기획할 수 있도록 하는 방법이다.

(3) 컨벤션 매니저(Convention service manager)

컨벤션 매니저는 호텔, 리조트, 콘퍼런스, 컨벤션 센터, 시빅 센터, 유람선 등에서 회의기획가와 협력하여 회의의 모든 면을 조정한다. 회의산업에 관련된 거의 모든 호텔이 컨벤션 매니저를 고용한다. 컨벤션 매니저는 일반적으로 호텔 내부승진이 많다. 호텔의 다른 부서에서 경험을 쌓은 후에 승진하게 된다.

(4) 회의사업가

회의사업가란 독립적인 자기사업으로 컨벤션 서비스를 제공 사람을 말한다. 협회나 조직에 고용된 자유계약자와 인센티브 여행회사가 해당된다.

(5) 관광지 선전업자

관광지 마케터라고도 한다. 회의기획가, 투어 오퍼레이터, 여행업자들이 고객들에게 추천하는 관광지역을 적극적으로 홍보한다. 그리고 어느 특정한 것들을 지칭하여 선전하기보다는 호텔, 레스토랑, 박물관, 극장, 오락장소 등 관광지의 모든 면을 홍보하며, 대형쇼, 브로슈어, 특별한 촉진수단, 전람회 등을 이용하여 관광지를 판매한다.

크루즈 산업

1 크루즈 개념

크루즈는 유람선을 이용한 독특한 관광여행으로 정기 노선의 객선이 아닌 선박회사 또는 여행업자가 포괄요금으로 관광객을 모집하여 운항하는 것을 말한다. 크루즈 여행은 위락 추구 여행자에게 다수의 항구를 방문하게 하는 해안 항해여행을 말한다. 이와 같이 크루즈는 단순한 운송이 아닌 위락을 위한 선박여행으로 숙박·위락시설 등 관광객을 위한 각종 시설을 갖추고 수준 높은 서비스를 제공하면서 순수 관광유람을 목적으로 수려한 관광지를 안전하게 순항하는 여행이다.

2 크루즈 산업의 특징

첫째, 크루즈 산업은 지역 간의 화물이나 여객수송의 교통수단으로서가 아니라 승선객들이 다수의 매력적인 항구를 방문하는 순수한 관광을 목적으로 하고 있다.

둘째, 운항형태가 정기적인 것보다 부정기적인 것이 더 많다.

셋째, 크루즈산업은 수송과 관광의 목적을 동시에 실현시키면서 숙박을 제공하는 또 다른 여행형태라는 점이다.

넷째, 운항기간 및 승선기간이 다른 관광상품에 비해 장기간이다.

다섯째, 크루즈 관광은 동시에 여러 계층을 대상으로 판매가 가능하다. 크루즈 여행 시 제공되는 서비스가 동일기간, 동일목적지라도 객실 등급에 따라 다양하게 구성되어 선택할 수 있다.

여섯째, 일반여행과는 달리 개인여행자(FIT)나 단체여행자(GIT)일지라도 여러 나라의 출입구 수속을 일괄적으로 처리할 수 있으며 이로 인해 수속기간의 단축, 개인별 수속의 번거로움 등의 불편함이 적다.

일곱째, 크루즈 회사나 여행업자가 포괄요금(Package Tour)으로 관광객을 모집하여 운항한다.

3 크루즈 산업의 현황

1968년 노르웨이의 "STARWARD"호가 크루즈 산업의 시작이다. 전 세계 크루즈 승객은 2000년 1,020만명에서 2003년 1,220만명, 2010년에는 1,600만명으로 증가하였다. 세계 크루즈 시장의 지역분포는 2000년 기준 북미 시장이 70%, 유럽지역 14%, 아시아 지역 16%의 점유율을 나타내고 있다. 크루즈선의 여객수용능력은 100-3,100명 정도이며, 크루즈 신규 발주선의 대부분이 5만톤급 이상이다.

크루즈산업은 고용창출에 크게 기여하고 있다. 선박대리점, 조선사, 전기, 기계, 식음료 공급업체 등의 고용인원을 증가시키고 있다. 또한 선박이 기항하는 세계 각 항구도시의 항공사, 철도, 내륙운송업계, 숙박업계 및 관광지 등 관광업계에도 많은 파급효과를 나타내고 있다.

4 크루즈 승무원

크루즈 승무원은 대형 호화유람선인 크루즈의 대표 크루즈 승무원 및 크루즈 엔터테이너 등 크루즈 전문서비스 지식을 겸비한 사람을 말한다. 호텔 및 관광분야 등의 유사학과와 관련이 있는 직업군이다. 진출분야는 국내유람선 승무원, 해외유명선사 내 한국인 전담 승무원, 크루즈전문여행사, 크루즈 선사 내 서비스사, 크루즈상품 개발 코디네이터, 크루즈전문 여행인솔자, 크루즈기항지 관광안내사 등이 있다.

테마파크와 리조트

1 테마파크와 리조트 개념

테마파크란 특정한 주제를 정하여 사람들이 즐길 수 있도록 만든 공간을 말한다. 즉 공통된 주제 아래 각종 형태의 시설·볼거리 및 흥밋거리를 모두 구비한 위락·놀이공간을 의미한다. 테마파크는 레저시설이 다양화됨에 따라 탄생한 근대적 개념의 공원형태로써 일반적 공원과는 차별화된다. 자연적 요소보다는 인공적 요소를 더 강조한 놀이위주의 공원이다. 예를 들어, 롯데 월드, 원주 한지 테마파크, 유럽식 도시공원을 나타낸 이월드, 부산 경남지역의 아쿠아 환타지아를 표방하는 통도 환타지아 등이 존재한다.

리조트는 휴가객들이 체재하면서 쾌적하게 휴양을 즐길 수 있도록 일정 지역 안에 레크레이션·유흥·스포츠·오락·숙박·레스토랑·문화 등의 시설을 갖춘 공간을 말한다. 예를 들어, 리솜리조트, 한솔 오크벨리, 지산리조트 등이 존재한다. 리조트가 테마파크나 관광지와 다른 점은 리조트가 체재형인 반면, 테마파크와 관광지는 경유형이다.

2 테마파크의 특성

첫째, 주제성이 존재한다.

테마파크는 특정한 주제에 기초하여 주제의 상호연관적 기능제고가 가능하도록 연출, 운영된다. 또한 이러한 주제가 교육적인 효과를 나타낼 수 있도록 계획하는 것이다. 예를 들어, 원주 한지 테마파크는 우리나라 한지를 주제로 하여 재미와 흥미를 가질 수 있도록 구성되어 있다.

둘째, 통일성이 있다.

테마파크 안에 있는 모든 시설이나 운영은 주제에 어울리게 인위적으로 구성되어 있다. 예를 들어, 아쿠아 환타지아에는 다양한 어류들만을 흥미롭게 구성하고 있다. 만약 주제와 맞지 않는 경우에는 그 전시내용을 제외한다.

셋째, 비일상성을 가지고 있다.

테마파크는 독립된 비현실적인 공상세계의 유희공간이다. 관람객들은 연출된 테마공간에서 관람객이기 보다는 참여자로서 참가한다.

넷째, 인건비 비중이 높다.

테마파크는 비수기나 연중 영업을 하지 않는 경우에는 인력을 탄력적으로 운영할 필요가 있다. 하지만 임시직에게도 교육훈련비가 지출되기 때문에 인건비에 대한 부담이 존재한다.

다섯째, 입장객의 체류시간과 체재비용은 비례한다.

테마파크에 입장객이 체류를 오래 할수록 각 테마에 대하여 입장료를 지불하기 때문에 체재비용이 증가할 것이다.

여섯째, 식음료 판매가 된다.

테마파크에서는 음식 및 식음료 판매가 가능하다. 이것은 기업의 수익과 직결되는 것이다.

일곱째, 입장객수의 예측이 어렵다.

테마파크는 연간공휴일, 경제상황, 주변환경 등에 영향을 받는다. 그러므로 입장객의 방문에 대한 예측이 어렵다. 입장객의 예측은 가장 낮은 이용자수를 기준으로 수지계획과 자금계획을 구성하는 보수적 방법을 수립하는 것이 좋다.

3 리조트 산업의 특성

(1) 인적서비스 의존성

리조트에서는 시설물 위주의 물적 서비스가 중요하다. 하지만 관광서비스의 가치와 품격은 전문적으로 훈련된 서비스 직원에 의해 생성된다. 다양한 개성의 고객들에게 고품격 서비스의 제공과 체험 목적에 적합한 전문적인 안전 서비스 등을 제공하기 위해서는 인적서비스가 매우 중요한 것이다.

(2) 생산과 소비의 동시성

리조트의 서비스는 여타의 관광분야 서비스와 마찬가지로 한 장소, 한 시점에서 생산과 소비가 동시에 이루어지고, 무형적이며 비저장성과 비이동성을 가지고 있기 때문에 재고가 발생하지 않는다.

(3) 막대한 초기추자비와 과다한 고정비

리조트 사업은 시설물을 갖추기 위해서 대규모의 토지, 숙박시설, 놀이시설, 체육시설 등과 같은 인프라 시설의 확충에 막대한 자금이 투자되어야 한다. 또한 각종 시설물 관리유지, 감가상가비, 인건비, 금융비용 등의 고정비가 타산업 비하여 과다하게 지출된다.

(4) 시설의 조기 노후화

리조트 시설은 건물과 스포츠 시설, 관련 장비들로 이루어지고 있어서 이용객들에 의하여 훼손되거나 파손된다. 비수기에는 인력부족에 따른 관리부실과 시설물 미사용으로 변질 등도 발생한다.

(5) 상품공급의 비탄력성

리조트는 계절, 요일에 따라 수요의 변화가 크게 나타나다. 성수기와 비수기의 차이는 수요의 불안정성과 계절성을 가진다. 각 리조트는 비수기의 수요촉진 전략으로 차등요금을 적용하거나 비수기 상품개발, 특별 이벤트 개최 등을 실행하여 수요평준화에 노력한다.

(6) 국제적인 분위기 연출

리조트는 전 세계의 불특정 다수 고객이 이용할 수 있는 국제적 기업이기 때문에 건축물 디자인이나 실내장식, 인적서비스와 서비스 물품, 운영시스템 등이 글로벌한 분위기 표현이 되어야 한다.

(7) 환경영향의 민감성

리조트산업은 타 산업보다 정치 및 경제현황에 민감한 영향을 받아 수요가 급등하거나 급락하기 쉽다. 예를 들어, 2003년 9.11테러와 이란 · 이라크 전쟁 등에 의하여 리조트 고객은 급감되었다.

4 리조트의 종류

(1) 골프 · 스키장 리조트

골프와 스키 리조트는 복합형으로 형성되는 경우가 많다. 왜냐하면 골프는 겨울을 제외한 스포츠이고, 스키는 겨울 스포츠이기 때문에 계절을 극복하기 위하여 2가지를 하나의 리조트 내에 설치하여 4계절로 운영하는 경우가 많다. 예를 들어, 지산리조트, 한솔 오크벨리, 무주리조트 등이 골프장과 스키장을 함께 운영하고 있다.

(2) 해양형 리조트

해양리조트는 해양스포츠를 즐길 수 있는 리조트로서 1년 내내 여름 또는 온화한 기후를 갖추어야 한다. 마리나 리조트라고도 한다. 해양레저스포츠는 워터프론트를 활용하기에 환경파괴가 가장 적으며, 잠재력이 무한하고 부가가치가 높기 때문에 선진국에서는 적극적인 개발을 하고 있다. 우리나라는 기후로 인하여 해양형 리조트가 여름 한철이라는 한계가 존재한다. 국내에는 충무 마리나 리조트, 부산 수용만 요트경기장 등이 존재한다.

(3) 온천형 리조트

온천형 리조트는 기원전 500년경 그리스에서 천연 미네랄 온천욕에 의하여 신체치료를 한 것이 최초이다. 온천형 리조트는 역사가 가장 오래 되었으며 온천을 통한 보양을 하는 것이 목적이다. 우리나라에는 덕산온천, 마금산 온천, 이천온천 이외에도 다양한 온천형 리조트가 존재한다.

(4) 카지노 리조트

카지노 리조트는 게임산업인 카지노를 주요기능으로 하여 다양한 부대시설을 갖추고 관광, 레저, 휴양 등을 즐길 수 있도록 조성된 단지를 말하며, 도시형과 자연형 카지노 리조트로 구분되어 진다. 도시형의 대표적인 예는 미국의 라스베가스의 호텔들이 존재한다. 자연형은 강원랜드가 해당한다.

(5) 복합형 리조트

리조트 단지 내에 스포츠시설, 카지노, 테마파크, 컨벤션센터 등의 주요시설을 2가지 이상 복합적으로 설치한 리조트를 말한다. 세계적인 추세는 복합형 리조트로 대형화해 나가는 것이다. 예를 들어, 한화리조트는 골프와 워터피아라는 테마파크를 복합화하였다.

이벤트업

1 관광이벤트 개념

관광이벤트란 과거의 "구경하는 관광"에서 "참여형 관광"형태가 될 수 있도록 관광지의 매력을 더하는 각종의 축제나 행사를 마련함으로써 관광객 마음의 풍요로움을 가져오고, 궁극적으로 관광이미지를 연출하는 것이다. 오늘날 세계각국은 관광과 이벤트를 접목시켜 여러 가지 관광효과를 노리는 관광진흥전략으로 새로운 이벤트를 개발하거나 기존의 이벤트를 적절하게 관광상품화하는데 적극적으로 노력하고 있다. 이벤트의 예로는 부산 불꽃축제, 강원관광박람회, 충주세계무술축제, 이천도자기축제 등이 있다.

이벤트가 유럽에서 시작되어 일본, 미국 등으로 발전되어 왔지만, 우리나라의 세시풍속이 옛날부터 전해오는 이벤트라고 할 수 있다. 예를 들어, 옛날 장터에서 큰북과 심벌즈를 두드리면서 사람들을 모이게 하는 우스꽝스러운 광대모습을 한 사람이 약을 팔려고 하는 약장수의 모습에서 이벤트적인 요소를 찾을 수 있는 것이다.

2 관광이벤트 효과

(1) 지역경제 활성화

지역축제가 활성화되면 방문객이 증가하고 지역으로의 자금유입이 발생하며 사회간접투자가 활발히 이루어져 지역주민의 고용효과를 냄으로써 지역경제 활성화가 이루어진다. 예를 들어, 2000년 충주세계무술축제는 특산품이 아닌 무술을 테마로 9억원의 예산투입으로 84억원의 관광수입효과를 나타냈다.

(2) 관광비수기 타개효과

이벤트 개최는 관광성수기를 연장하거나 새로운 관광시즌을 창출해내는 효과가 있다. 예를 들어, 러시아에서 겨울철에 불곰 수영대회를 개최하는 것이다.

(3) 지방이미지 홍보

지방축제 이벤트는 지역문화의 무형적인 측면을 유형적으로 나타내고 지역 문화 활동이 다양하다는 메시지를 전달하기 때문에 지역이미지 홍보에 커다란 효과가 있다. 예를 들어, 금산 인삼축제는 인삼하면 금산이다. 라는 지역 이미지가 각인되도록 하였다.

(4) 지역개발 효과

대형 이벤트를 개최하기 위해서는 사회 하부구조기반 간접자본에 대한 공공투자가 이루어진다. 이벤트 프로그램과 관련된 건물의 건립 및 개조, 도로체계정비, 교통시설 확충 등이 이루어짐으로서 이벤트가 끝난 후에도 지역주민들이 공공시설과 사회하부구조를 활용할 수 있다. 예를 들어, 한·일 월드컵 축제는 10개의 월드컵 경기장을 구축하도록 하였으며, 그 중 7개의 축구 전용 경기장을 건설하게 하였다.

(5) 지역 문화관광시설 개발효과

각종 문화이벤트나 축제 개최는 지역의 관광시설을 구축하게 한다. 지역문화축제는 문화유적지를 방문하는 관광객의 재미와 흥미를 유발시키기 위하여 퍼레이드, 음악회 등을 함께 실행하기도 한다. 예를 들어, 안동 하회마을 축제는 방문객을 위하여 안동지역의 전통가옥에 대한 대대적인 손질을 하게 하며, 하외탈에 대한 체계적인 내용을 구성하도록 노력하게 만들었다.

(6) 지역주민 계몽효과

한 지역이 이벤트는 그 지역주민들에게 예술의식과 주인의식을 갖게 한다. 그리고 지역주민의 자부심을 지역환경을 아름답게 가꾸려는 의지를 심어준다. 예를 들어, 이천 도자기 축제는 이천주민들에게 도자기에 대한 예술의식과 자부심을 갖게 한다.

(7) 지역 특화산업 진흥효과

지역축제는 주로 지역의 특화산업과 연계되어 실시하므로 지역 특화산업 이미지를 강화시키고 특화상품 판매 및 진흥 효과를 가져온다. 예를 들어, 금산 인삼 축제는 금산에서는 인삼이 특화산업으로 명명되었던 것이다.

3 이벤트업 직업

이벤트 산업이 발전함에 따라 협회와 자격증 제도가 신설되었으며, 이벤트 교육과정 등이 개설되었다. 특히 호주에서는 이벤트 기획가라는 직업이 존재한다. 우리나라에서는 "엔터테인먼트 회사"에서 축제 및 행사를 주관하는 이벤트 회사가 존재하고 있다.

Perry 등(1996)은 이벤트 매니저의 지식 및 자질에 대하여 설문조사를 하였다. 그 결과 이벤트 매니저는 리더십, 적응력, 커뮤니케이션, 마케팅 및 인사관리 등의 7가지 자질이 중요한 것으로 나타났다. 특히 지식분야에서는 프로젝트 관리, 예산, 시간관리, 방송매체 관련 지식, 사업 기획, 인사관리 및 마케팅 등이 가장 중요한 하목으로 나타났다.

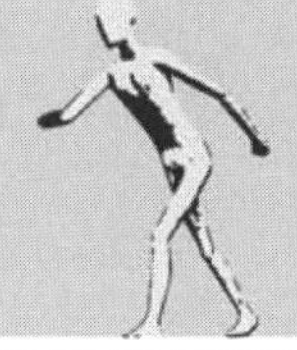

미래의 관광

세계관광시장 전망

1 세계관광시장 추이와 전망

관광산업은 전 세계적으로 노동자 8명 중 한 명이 관광산업에 고용되어 있는 것으로 나타나고 있다. 또한 관광산업이 밝은 전망을 비치고 있는 이유는 미래 최고의 부가가치를 창출할 수 있는 신성장 산업으로 세계 각국이 인식하고 있기 때문이다. 세계관광기구(UNWTO)가 보고한 2020년 세계관광 동향과 전망은 다음과 같다.

표 13-1 세계관광 추이(인바운드 관광객 수)

연 도	관광객(백만)	성장률(%)	관광수입(10억불)	성장률(%)
2007	908	7.2	856	15.4
2010	1,006	10.8	NA	NA
2020	1,600	59.0	2,050	NA

출처 : World Tourism Barometer(UNWTO, 2009) Tourism 2020 Vision(2003)

상기 〈표 13-1〉에서 보는 바와 같이, 세계관광기구의 『World Tourism 2020 Vision』 보고서에 의하면, 2020년까지 국제관광객수와 관광수입이 각각 년 평균 4.3%와 6.7%씩 증가할 것으로 예측하였다. 인바운드 시장은 1996년 595백만 명에서 2007년에 980백만 명으로 52.6%가 증가하였으며, 2020년에는 1,560백만 명으로 1996년 대비 약 3배가 증가할 것으로 예상되고 있다.

2020년 연 평균 관광수입액은 2조 50억 달러에 이를 것으로 전망된다

(UNWTO, 1997). 이와 같은 전망은 1996년 4,250억 달러의 5배, 1998년 4,393억 달러의 5배, 2001년 4,820억 달러의 4.3배, 그리고 2006년 7,420억 달러의 2.8배에 해당된다. 이러한 수치는 관광산업이 전세계 무역거래량의 8%, 서비스 수출의 35%를 차지하는 것에 해당한다(2006 관광동향에 관한 연차 보고서, 2007). 세계여행관광협회(WTTC)는 2018년까지 관광산업이 세계 GDP의 10.5%까지 성장하고 세계 총 고용의 9.2%가 관광관련 산업에 종사할 것으로 전망하고 있다.

2 관광목적지 전망

2020년에는 유럽을 찾는 여행자가 매년 3.1%정도 성장하여 지금의 2배에 가까운 717백만명(1999년 381백만명 방문)이 유럽을 여행의 목적지로 선택할 것이다. 하지만 유럽의 세계관광시장 점유율은 현재의 55%에서 2020년 47%로 하락할 것으로 전망된다. 특히 이 지역의 여행자 성장속도는 세계평균 성장률 4.1%에도 미치지 못해 세계관광 중심에서 점점 멀어질 것으로 기대된다.

2006년 세계 관광객 방문이 제일 많은 나라는 프랑스로 7,908만 명의 관광객이 유치되었다. 다음은 스페인(5,845만명), 미국(5,090만명) 순으로 나타났다. 한국은 616만 명을 유치하였다. 관광수입은 미국이 745억 달러로 가장 높게 나타났으며, 다음은 프랑스(453억 달러), 스페인(452억달러)순이다. 한국은 53억 달러를 기록했다. 하지만 2020년 중국이 137백만 명의 관광객을 유치하여 세계 1위가 될 것으로 전망된다. 다음은 미국이 102백만 명, 프랑스가 93백만 명, 스페인이 91백만 명, 홍콩이 59백만 명을 유치할 것으로 예측된다.

세계관광기구는 향후 관광분야 목적지는 동아시아·태평양 지역과 중동지역이 될 것으로 예상하였다. 이 지역은 연평균 성장률이 6.5%로 세계의 성장률을 상회하고 있다. 2020년에는 세계관광시장의 25.4%를 점유할 것으로 예상된다. 또한 2020년까지 전세계의 15억 여행객이 아시아지역을 여행하여 미화 2조 달러를 소비할 것으로 판단하였다.

오늘날 전 세계적으로 관광분야에서 관광목적지 브랜드화를 위한 노력이 많이 이루어지고 있다. 특정 관광목적지가 관광시장에서 경쟁적 우위를 확보하기 위해서는 강력한 이미지를 가진 관광목적지의 브랜드 개발이 중요하다. 성공적인 브랜드화는 방문객의 마음속에 영원히 자리 잡아야 하는 것이다. 이를 위하여 한국관광공사에서는 2007년 한국 관광브랜드 "Korea Sparkling"를 출범시켰다. 또한 "한스타일"이라는 한류의 브랜드를 확정시켰다.

3 우리나라 관광산업 조명

우리나라의 관광산업은 OECD 30개국 국가 중 30위에 머물고 있다. 우리나라의 GDP 대비 관광산업의 비중은 2007년 기준 6.7%이다(OECD 평균은 11.5%). 2009년 전 세계관광객은 9억 명이었다. 한국 방문객은 689만명으로 전체의 0.77%에 불과 하였다. OECD의 전체고용에서 관광산업이 차지하는 평균비중은 12.3%이다. 한국은 전체고용에서 관광산업이 차지하는 비중이 7.4%에 불과하다.

관광산업은 매출액 10억원당 유발 취업자수는 52.1명으로 제조업의 2배, IT산업의 5배에 달한다. 산업에 투입되는 인적, 물적 소재를 기준으로 관광산업의 외화가득률은 자동차 71%, 휴대전화 52%, 반도체 43% 이다. 관광산업의 외화가득률은 88%에 달한다. 즉 인바운드 외국인 3명은 자동차 1대 수출효과와 같은 수익을 창출한다. 그러므로 관광산업에 대한 다양한 육성책이 필요하다.

미래의 관광형태

1 테마관광

기존의 관광은 관광명소와 유적지 및 문화재 그리고 공예품 등을 보면서 돌아다니는 것이다. 하지만 최근에는 관광도 하면서 공부를 하거나, 건강 증진을 시키면서 미래의 설계하는 창조적인 여행을 하는 시도가 나타나고 있다. 여행패턴이 분명한 목적을 추구하며 여행하는 성격으로 바뀌고 있는 것이다. 예를 들면, 리솜리조트는 힐링건강 온천리조트이며, 건강회복을 위한 관광상품 등이 존재한다.

2 체험관광

체험관광은 여행객이 직접 해보고 배우는 관광을 의미한다. 즉 관광지는 볼거리, 참여할 프로그램 등을 준비한다. 관광객은 관광상품 그 자체가 아닌 상품에 담겨있는 스토리, 정신적·신체적 감동 등을 느끼는 관광이 늘어날 것이다. 예를 들어, 치즈를 직접 만들어 보는 치즈농장 체험, 한옥에서의 전통생활 체험, 템플스테이에 의한 종교문화 체험, 지역 특산물 생산 지역 탐방 체험 등이 포함된다. 과거의 대중적 관람형에서 개인적 참여형으로 전환되고 있는 것이다.

3 체류형 관광

체류형 관광은 특정 장소에서 체재하면서 느긋한 시간을 보내는 것을 말한다. 지친 몸을 쉬게 하면서 편안하게 시간을 보내면서 새로운 가능성을 축적하는 재창조형 여가활동이 늘어나고 있다. 예를 들어, 느림운동(Slow movement)이 있다.

미래의 관광은 웰빙과 같은 좋은 것을 추구하자는 운동에서 "로하스" 즉 자연과 인간에게 진정한 이로움을 추구하자는 운동으로, 또다시 느림운동으로 움직일 것이다. 이러한 의미에서 슬로푸드(Slow Food), 슬로시티(Slow City) 등이 나타났다. 우리나라에서는 전남 완도군, 청산도, 신안군 증도, 담양군 창평면, 장흥군 유치면 등 4개 도시가 2007년 12월 1일 슬로우 시티로 선정되었다.

자연과 함께 하는 느림의 미학

담양군 창평 슬로시티

느림에서 찾는 참다운 삶을 만들기 위해 시작된 슬로시티는 1999년 이탈리아의 작은 도시 '그레베 인 키안티'에서 시작됐다. 세계 17개국, 123개 도시가 가입된 슬로시티에 아시아에선 유일하게 창평 등 5곳이 가입됐다.

마을 입구에선 시끌벅적 장터가 열렸다. 노인들은 나물과 채소를 들고 나와 자리 잡았고 두루마기를 입고 갓을 쓴 할아버지는 가훈을 써주기도 한다. 아이들은 마중물을 넣고 물을 길어 올리는 체험을 하고 있고, 한편에선 떡방아를 쳐 보는 파란눈의 외국인도 있다. 슬로시티의 상징인 달팽이에서 이름을 따온 '달팽이 시장'이 열리면 온 마을이 사람들로 북적인다. 전라남도 담양군 창평면이 지난 2007년 12월 1일 '치타슬로 (Cittaslow) 국제연맹'으로부터 슬로시티로 인정받으면서 일어난 변화다. 슬로시티는 사람 중심의 도시를 만들고자 하는 이탈리아의 작은 마을 '그레베 인 키안티'에서 1999년 시작됐다. 지금까지 세계 17개국 123개 도시가 가입했고 아시아에서는 우리나라의 창평을 비롯해 완도, 장흥, 하동, 예산이 슬로시티로 인정받았다. 슬로시티로 인정받는 조건은 간단하면서도 어렵다. 전통적인 수공업과 조리법이 보존되어 있어야 하고 고유의 문화유산을 지키고 자연친화적인 농업을 사용해야 한다. 한마디로 인간 중심의 도시가 되어야 한다.

네이버 지도 전남 담양군 창평면 지도 보기 ›

출처: http://navercast.naver.com/contents.nhn?rid=11&contents_id=2987

4 교류형 관광

교류형 관광은 한 지역과 관계를 맺고 반복해서 찾아가는 것을 말한다. 과거의 관광은 외부로부터 찾아온 관광객과 그 지역에 생활하고 있는 사람과의 인간관계는 존재하지 않았다. 하지만 미래에는 고유한 문화와 테마가 있는 장소를 자주 찾아가는 관광이 늘어날 것이다. 예를 들어, 도시사람이 귀농을 위해서 귀농할 장소를 일정한 기간을 두고 찾아가 그곳의 습성과 농사법을 습득하는 관광이다.

5 생태자연관광

생태관광학회는 생태관광이란 "자연자원의 보전이 곧 지역주민의 편익이 될 수 있는 경제적 기회를 창출하는 동시에 생태계의 균형을 깨뜨리지 않도록 주의를 기울이면서, 지역의 자연과 문화를 이해하기 위하여 자연지역으로 떠나는 의미있는 여행"이라고 하였다. 즉 대규모 시설조성 중심의 관광개발이 아닌 지역이 보유한 특색있는 자연자원을 활용하는 지역사회 중심적 관광개발을 의미한다.

예를 들어, 충북 제천시가 에코세라피 건강단지로서 지정되었다. 그곳에는 한방관련 테마시설과 한방생태저자거리, 동의보감테마파크, 에코세라피 연구소 등이 존재하고 있다. 방문객들을 대상으로 건강증진과 건강정보를 매개 하면서 반복적으로 관광하게 하는 것이다.

개울길

에코지오탑

단풍나무길

나눔숲

순천 호수 정원

한방 체험관

출처: 순천만 정원 콘텐츠, http://www.scgardens.or.kr/

찾아보기